EDITORA DO CONHECIMENTO

Auxiliando a humanidade a encontrar a Verdade

APOMETRIA HOJE

APOMETRIA HOJE

Coletânea de artigos

Augusto Rogger Garcia Moreira
Dorival Ramos
Haiawatha
Hermano Augusto de Medeiros Jr.
José Augusto Arnt
Leni Winck Saviscki
Maria Teodora Ribeiro Guimarães
Mariléa de Castro
Roger Feraudy

APOMETRIA HOJE
Autores diversos

Projeto Gráfico: Sérgio Carvalho
Revisão: Mariléa de Castro
Colaborou nesta edição:
Paulo Contijo de Almeida

ISBN 978-65-5727-065-3 — 4ª EDIÇÃO — 2020

• Impresso no Brasil • Printed in Brazil
• Presita en Brazilo

Produzido no Departamento Gráfico de
CONHECIMENTO EDITORIAL LTDA
Fone: 19 34515440 — Limeira — SP
conhecimento@edconhecimento.com.br

Dados Internacionais de Catalogação na Publicação (CIP)
(Câmara Brasileira do Livro, SP, Brasil)

Apometria Hoje : coletânea de artigos / organizado por Mariléa de Castro e Sérgio Carvalho — 4ª ed. — Limeira, SP : Editora do Conhecimento, 2020.

ISBN 978-65-5727-065-3

1. Cura pelo espírito e espiritismo 2. Espiritismo 3. Umbanda (Culto) I. Castro, Mariléa de II. Carvalho, Sérgio.

04-4341 CDD — 133.901

Índice para catálogo sistemático:
1. Apometria : Desdobramento do perispírito : Cura espiritual : Espiritismo : 133.901

APOMETRIA HOJE

Coletânea de artigos

4ª edição — 2020

EDITORA DO
CONHECIMENTO

Obras sobre esse tema editadas pela **EDITORA DO CONHECIMENTO**:

- APOMETRIA PARA INICIANTES
Patrícia Barz e Geraldo Magela

- UMBANDA, ESSA DESCONHECIDA
Roger Feraudy

- UMBANDA UM NOVO OLHAR
Maria Teodora Ribeiro Guimarães

- UMBANDA DE A A Z
Maria Teodora Ribeiro Guimarães

... tudo isso não valerá (e toda esta obra também) se não tiver o Amor como causa e o Amor como objetivo.
O Amor deve ser o Alfa e o Omega da ação humana, pois só ele dá consistência eterna.

Dr. José Lacerda de Azevedo
(na conclusão de seu livro
Espírito-Matéria)

Apometria Hoje destina-se à divulgação dos resultados de trabalhos realizados por grupos apométricos que seguem a linha desenvolvida por Dr. José Lacerda de Azevedo, precursor da técnica. Servirá também como referência de estudos, direcionado a espíritas, espiritualistas e público em geral, ligados a diversas doutrinas que seguem o Evangelho do Cristo e que se utilizam dessa técnica como metodologia complementar em seus trabalhos de atendimento fraterno.

Esperamos que as informações aqui veiculadas norteiem a caridade crística, servindo como modelo para a abertura de novas frentes de trabalho.

Sumário

A sabedoria milenar e os corpos do homem

Mariléa de Castro
Grupo de Estudos Ramatís

> A montanha da Sabedoria, com o pico da Iluminação, fica além da planície do Conhecimento. Antes dela, o pântano da Ignorância. A grande massa da humanidade fica presa aí, por desconhecer o segredo da passagem. Só se pode passar volitando o pântano — e raros querem abandonar à margem o peso do Orgulho. Só o coração humilde tem asas. - Shi-Ling

Àqueles que se propõem lidar com os corpos dos humanos na intenção de curá-los — o que é o caso da Apometria — o estudo dos conceitos **básicos** sobre esses famosos **veículos do homem** deveria ser a preliminar *sine qua non*. A absorção da antiga, extensa e consagrada bibliografia de ocultistas e pesquisadores de várias correntes sérias deveria preceder o primeiro estalar de dedos de qualquer apômetra, para preservar-nos do risco de sair reinventando a roda — em formato quadrado.

Um conceito claro e simples sobre a estrutura e natureza dos nossos sete corpos, sua constituição e qualidade energética, é precioso — e indispensável — instrumento a quem se dispõe, acima de tudo, a **servir** os semelhantes com simplicidade.

Aquilo que já foi ensinado pelos Instrutores da humanidade sobre fatos básicos não muda nunca, como as leis da Natureza.

Desde que o mundo é mundo — ou, vá lá, desde as Escolas de Sabedoria da velha Atlântida[1] (o que já dá muito tempo!) — e em todas as escolas esotéricas do mundo, se aprendeu que o ser humano se compõe de uma dualidade: uma porção divina,

1 E nos Vedas hindus, no velho Egito, no Tibet, entre os Essênios, na Escola Pitagórica e nos Mistérios da Grécia, no Cristianismo primitivo, e depois na Rosacruz, na Teosofia, e nas demais tradições antigas e modernas.

imortal — e outra mortal e "imperfeita". Não é outro o simbolismo do centauro (não fossem os gregos herdeiros da sabedoria atlante, em sua iniciática mitologia!). Todas as religiões se construíram — com maior ou menor ingenuidade — sobre esse dualismo; e algumas, com a rígida discriminação Espírito-é-o-bom/Matéria é lixo, que deu no que deu na Idade Média.

Mas, espanando o pó e as teias de aranha, se vê que, por baixo, encontra-se uma verdade básica, avalizada por todas as Escolas Iniciáticas do passado e do presente: o ser humano se compõe de uma duplicidade que se costuma chamar — pelas últimas dezenas de milênios — de Eu Superior e Inferior. Correntes contemporâneas têm adotado as denominações — muito didáticas — de Individualidade e Personalidade, para esses dois componentes do homem.

Nada de misterioso ou difícil. Apenas, aqui entram na história os tais famosos Corpos ou Veículos do homem — **sete**, divididos entre esses dois níveis, o do ***Eu Superior*** ou ***Eu Real***, a Individualidade — e o ***Eu Inferior*** ou Personalidade.

E o que ensinaram, desde sempre, os Sábios e os Mestres?

Que a Centelha Divina — nós — também chamada Mônada, sendo da mesma natureza do Imanifesto, o Absoluto, não pode "descer" para os Planos do universo manifestado (sete), e "mergulhar na corrente da evolução" (a famosa "Queda do Homem"). Por isso, cria uma projeção de si — o Eu Superior, a Individualidade, que possui todos os atributos da sua *perfeição* — extensão que é dessa Divina Centelha. Esse **Eu Superior** inclui **três** veículos — **os corpos superiores** — que possuem as divinas qualidades de Vontade/Amor-Sabedoria/Ação.

Esses três *corpos de perfeição*, reflexos da perfeição da Mônada, são conhecidos como Atma-Buddhi-Manas no Oriente; ou Corpo Átmico, Corpo Búdico e Corpo Causal (Mental Abstrato/Mental Superior) na nomenclatura mais familiar ao Ocidente. Eles são o Homem Real, o nosso Eu Interno de Luz e Beleza *perfeitas* (sem necessidade de retoques).

Essa é a "porção superior" do centauro, que as religiões costumam simplificar chamando de *alma* ou *espírito* imortal (ignorando sua constituição tríplice). Mas o que importa é o *conceito* claro que acompanha esse conjunto dos três corpos

— o Ternário Superior. Trata-se da **parte divina** do homem, repositório de seus ilimitados poderes, da divina sabedoria e do perfeito amor.[2] A nossa meta evolutiva — daí o aforismo oriental: "**Tornai-vos aquilo que sois**", inexplicável sem a chave do conhecimento oculto.

O importante é salientar bem a **natureza divina, portanto irretocável**, desses três corpos — ***átmico, búdico*** e ***causal***, que compõem o nosso ***Eu Real*** (o ***Self***, de Jung). "Somos deuses" em nossa Individualidade — atma-buddhi-manas.

Será preciso mais para caracterizar a perfeição desse território superior de nosso ser? Esse é o nosso Deus Interno, a nossa Alma Imortal, a divina Psiké.

Resumindo: o que já é, por definição, perfeito, não precisa ser aperfeiçoado. É de um primarismo constrangedor, não é mesmo? Mas a dura experiência nos ensina que o óbvio, ai de nós, nem sempre é ululante....

Mas não esqueçamos a "porção inferior" do centauro — o Eu Inferior, a Personalidade, o Ego — ou Quaternário Inferior, constituído dos corpos Mental Concreto, Astral, Etérico e Físico Denso.

Esses quatro veículos transitórios e **perfectíveis** — insistamos nesse termo: ***perfectíveis = passíveis de aperfeiçoamento*** — são os instrumentos que nosso Eu Superior utiliza para atuar nos três "mundos da ilusão" (mental, astral e físico), ali construindo a ampliação consciencial que o habilitará a "retornar" ao nível divino.

Somente aqui, nesses quatro veículos "inferiores", podem registrar-se as temporárias "imperfeições" de nosso caminho evolutivo. São os "cadernos escolares" onde rabiscamos, primeiro em garranchos assustadores, depois em letra mais caprichada, as lições do curso "Como Tornar-se Divino" que estamos fazendo, nas escolas planetárias deste universo.

Quando nossa consciência "desceu" do nível divino, e mergulhou nos planos inferiores para evoluir, sendo portanto

2 Tanto que, ao transferir para esses corpos, em definitivo, a sua consciência — ao fim do longo (e quão longo!) trajeto na Senda da Sabedoria, o homem torna-se um Mestre, um Homem Perfeito, unido à Consciência Divina. É o "espírito puro" que Kardec mencionou. É a criatura que assumiu a própria perfeição latente, tornando-se o ser divino que sempre foi. "Não ouvistes que foi dito Vós sois deuses"?, disse Jesus, citando a Sabedoria Milenar. Pois é ao nível desses três corpos que "somos deuses".

"expulsa do paraíso" — que era a consciência enfocada ao nível de atma-buddhi-manas — foi delimitada uma barreira impeditiva de seu retorno imediato. Tal é o simbolismo do "anjo com uma espada flamejante" colocado como "sentinela ao redor do Jardim do Éden" (vide Gênese), para garantir que Adão e Eva não pudessem retornar pulando o muro. Só poderemos retornar pela porta da frente — ***depois de***, em evos incontáveis, termos abandonado em definitivo a nossa "parte de baixo do centauro" — os quatro veículos, repitamos, **perfectíveis** (cheios de rabiscos feitos desde o jardim da infância da evolução).

Sintetizando:

EU SUPERIOR (Individualidade)
Corpo Átmico
Corpo Búdico
Corpo Causal (Mental Superior ou Mental Abstrato)

EU INFERIOR (Personalidade)
Corpo Mental (Inferior ou Concreto)
Corpo Astral
Corpo Etérico
Corpo Físico

A esta altura, não é preciso dizer sobre **qual** conjunto de veículos a Apometria (e não só ela, como toda e qualquer intervenção terapêutica, do curandeiro mais singelo ao mais sábio médico extraterrestre) pode, por definição, atuar. **Só o que pode adoecer precisa de médico.**

Pode-se limpar o copo sujo — e aí, escolher água, álcool, detergente, ar comprimido, até ultra-som e laser — mas, querer escovar o raio de sol que o atravessa?

Em nossos **veículos inferiores** se imprimem nossos equívocos — os rabiscos das lições milenares. No Corpo Mental (intelecto) se acumulam os resíduos dos pensamentos "maus" — formando "excrescências", vórtices desequilibrados, "abcessos" estagnados (idéias fixas) e demais deformidades plasmadas na matéria mental desse corpo. No corpo astral, ficam as pegadas das emoções indesejáveis, raiz de patologias do corpo e da mente. Em decorrência, o Corpo Etérico deforma e enferma os seus órgãos e sistemas. E o pobre Corpo Físico é que recebe tudo, além de suportar as agressões diretas do plano físico.

Todos esses veículos — sobretudo o Mental, sede das energias modeladoras mais potentes, capaz de alterar a forma e estrutura dos demais — a mente que adoece e cura, enfim — constituem o campo de atuação terapêutica da Apometria. E já é de bom tamanho, não acham?

Quanto aos corpos superiores — Átmico, Búdico e Causal — **nem pensar**.

O Anjo de Espada Flamejante é uma boa imagem para recordar à nossa possível ilusão de intervir nesses veículos que há uma fronteira, um ***nec plus ultra*** que impede a entrada de estranhos ao expediente nesse Território Divino.

Para começar, o acesso a esses veículos é **exclusivamente** possível àqueles cuja consciência já atingiu esses níveis e neles funciona — o que significa, literalmente, os Espíritos Libertos de Carma, aqueles que já deixaram a roda das encarnações — que costumam ser chamados de Mestres de Sabedoria na tradição esotérica.

Ótimo para nós que o Plano Divino tenha colocado essa "válvula de segurança" impedindo a entrada de não-iluminados ao recesso de nosso mundo interno mais elevado, não? Somente um ser cuja consciência é perfeito amor e perfeita sabedoria, sintonizado já com a Consciência Cósmica, tem permissão e possibilidade para debruçar-se sobre seus irmãos e ler em suas auras do Eu Real o nível evolutivo que já atingiram — o que costuma ser o objetivo dos Mestres ao fazer isso. É bom que se saliente: **ler**, ou analisar — nunca "tratar de", "intervir em", o que seria um absurdo completo.

O que poderia nos levar a fantasiar que se **possa** — e, antes de mais nada, que se **necessite** — intervir nos corpos superiores do ser humano?[3]

Para se concluir com uma idéia mais clara dos veículos superiores e sua **real** natureza, a que é ensinada em todas as Tradições milenares, indiquemos sucintamente algumas características deles.

3 Quem estiver agoniado para tratar imperfeições, pode se dirigir aos quatro corpos da Personalidade — e não vai achar tempo, numa vida, de descobrir todas as patologias que eles são capazes de conter.

Corpo Causal

O *Corpo Causal*, ou Manas Superior (Corpo Mental Superior), é "construído", através das existências multimilenares, com um material específico. Qual? A essência de tudo o que de **mais puro e belo** o homem enviar para sua consciência — e **só** isso!

Cada vez que vibramos um pensamento ou sentimento elevado, uma cor definida se acrescenta à substância desse veículo. O seu aspecto, no ser evoluído, é de uma beleza celestial, pois se constitui de nuances brilhantes e radiosas de cores delicadas.

Vamos a uma fonte objetiva, autorizada e altamente recomendável para quem não deseje reinventar rodas quadradas — a obra *O Corpo Causal e o Ego*, de Arthur E. Powell (Ed. Pensamento):

"Embora, no curso de sua evolução nos mundos inferiores, o homem — com freqüência — introduza em seus veículos qualidades indesejáveis e inteiramente impróprias para sua vida como Ego, ... nenhuma delas pode ser **expressa no corpo causal**". (p. 84) (grifamos)

"Podemos pensar em todas as experiências do homem como passando através de um peneira ou crivo. Só o que é bom passará, e o que é mau será deixado, rejeitado. Nisso — o verdadeiro mecanismo pelo qual o corpo causal é construído — estão não só a esperança do homem, mas a certeza do seu triunfo final.

Embora **nenhum mal possa ser armazenado no Corpo Causal**, ele, contudo, é estocado nos veículos inferiores". (p. 99) (grifamos)

O Corpo Causal é a fonte de nossa conexão com a Mente Divina, portanto o que canaliza os lampejos daquilo que se chama de Intuição Pura: o conhecimento real e instantâneo, global, sem passar pelos laboriosos processos do intelecto: o famoso Sexto Sentido que a Era de Aquário verá desenvolver-se. Veja detalhes em *A Grande Síntese* (Pietro Ubaldi).

É um veículo a que raras pessoas têm acesso consciente:

"No presente estágio da evolução humana, raramente o Manas Superior se manifesta. Lampejos ocasionais dele são o que nós chamamos de gênio verdadeiro... para um homem ainda ligado ao corpo físico mover-se com integral consciência no corpo mental, seja o inferior ou o superior, é preciso que ele seja um Adepto ou um de seus discípulos Iniciados... Presentemente, a maior parte das pessoas mal é consciente no Corpo Causal." (Arthur Powell, idem, p. 103)

Conclusão: nada que seja desequilíbrio, desarmonia, e muito menos traumas, lesões ou patologias, pode alojar-se nesse corpo luminoso; **nada que seja imperfeito**. É uma questão técnica, vibratória. **Nada que não seja de sua própria freqüência divina** tem acesso a esse nível do nosso Eu Real (felizmente, não?) Nem nossas piores "atolações" nos pântanos evolutivos pode macular essa beleza divina de nosso eu angélico. O máximo que podemos conseguir é cessar, por algum tempo, de enviar os "materiais de construção" próprios.

Corpo Búdico

Esse é o nosso nível divino de Amor-Sabedoria. É o nível da Iluminação. Alcançá-lo é tornar-se um Buda = iluminado (Sidartha Gautama foi **um** Buda).

Uma ligeira conexão com esse supremo nível de consciência provoca o ***samadhi*** — a indescritível expansão de consciência que leva o ser a conectar-se com o Coração Divino, com a Unidade Essencial de todas as vidas.[4] Essa experiência, muito rara, só pode ser obtida por um Discípulo pela intervenção direta de um Mestre de Sabedoria — alguém que já opera na radiosa realidade desse nível de consciência.

Há uma larga diferença entre a qualidade da consciência ao nível causal (Manas Superior) e a consciencia búdica!

"Como o elemento predominante no corpo causal é o conhecimento e a sabedoria definitiva, assim o elemento predominante na consciência do corpo búdico é a beatitude e o amor. A serenidade da sabedoria caracteriza o primeiro, ao passo que a mais terna compaixão emana incessantemente do outro". (*O Corpo Causal*, p. 231)

O Búdico é o plano do sentimento da unidade; um nível de consciência elevadíssimo, que pressupõe **iniciações** para ser

4 A quem desejar ter um vislumbre, sugerimos o capítulo "A Consciência Cósmica" da obra ***Autobiografia de um Iogue Contemporâneo***, de Swami Yogananda.

alcançado. Não é assim "no mais" que se atinge. Sua luz, uma vez atingida pela consciência, torna a criatura um manancial de compaixão ilimitada e de autêntica Sabedoria — a Sabedoria do Coração.

"Não será preciso dizer...que toda a descrição da consciência búdica é, necessária e essencialmente, defectiva. É impossível, em palavras físicas, dar mais do que um mero indício do que é a consciência superior, porque o cérebro físico é incapaz de apreender a realidade". (Powell, idem, p. 229).

Ele corresponde ao Cristo em nós, e quando ele desperta inteiramente no homem, numa iniciação superior, é como um "segundo nascimento": o Iniciado é aquele no qual o Cristo Interno — a consciência búdica — nasceu.

Dele captamos, gradativamente, à medida que sutilizamos nossos espessos veículos inferiores, a irradiação do Amor e da Sabedoria que gradualmente vão "chamando" nossa consciência para o "retorno à casa do Pai". Cada vez que uma chispa de **verdadeiro** amor se irradia do centro de nosso ser, é da fonte divina da Pura Luz de Buddhi que ela emana. À custa de irradiá-la cada vez mais, vamos aprendendo, lentamente, a afinar o ouvido interno para escutar a "voz sem som" que nos fala desde esse nível divino.

Conclusão: podemos até falar do Corpo Búdico, ter vagas noções de sua maravilhosa natureza e sonhar com o dia em que chegaremos a seu nível de consciência — realizando o Cristo Interno em nós.

Entretanto, pensar em atingi-lo, ou intervir nele (a Pura Luz Crística!) com nosso limitado instrumento do intelecto, é totalmente descabido, pelo absurdo técnico que isso representa.

Tentar escovar o raio de sol....

Corpo Átmico

É o que expressa o aspecto "vontade" da Mônada. Dele pouco pode ser dito ou conhecido ao nível em que nos encontramos. É aquele que constitui a porção superior do que chamamos o Eu Real, o Eu Superior.

Melhor respeitar o indizível. Aqueles que podem ter acesso

a esse nível de consciência, exatamente são os que nada dirão dele. "Os que sabem, não falam; os que falam, não sabem" — é um velho aforismo do Conhecimento Superior.

Dizermos às criaturas que esses veículos superiores, o templo de nossa divindade interna, semente de toda a perfeição que nos acena para o futuro, portanto a garantia de que nosso árduo esforço evolutivo não é vão nem ilusório, podem ser contaminados com imperfeições — **significa o que?** Em última análise, **destruir a esperança humana em sua própria divindade interna.** Insinuar que são imperfeitos os corpos de Luz e Perfeição cuja existência sempre foi ensinada pelos Mestres da humanidade, não é desacreditar deles?

Conclusão: de tudo que foi dito — e que corresponde simplesmente à Sabedoria Milenar que em todas as eras e latitudes foi ensinada — se conclui que:

1. Para fazer intervenção apométrica (ou de qualquer outra espécie) num Corpo Causal ou Búdico, é simples: basta formar um grupo de Apometria com Sidartha Gautama, Francisco de Assis, Apolônio de Tyana, Ramakrishna, Pitágoras.

2. Só que, composto esse grupo, acabaria não realizando Apometria alguma, pois a Luz emanada do Corpo Causal e do Corpo Búdico que intentassem "tratar" acabaria se fundindo com a deles próprios.

3. Os demais componentes da humanidade — terapeutas, apômetras, espiritualistas de qualquer matiz — nós, enfim, simples seres humanos, aspirantes a Aspirantes de Discípulos da Sabedoria, resguardados de pretender tais intervenções tão impossíveis quanto desnecessárias, continuaremos a tratar com a humildade possível e a eficiência que pudermos, dos quatro corpos que a misericórdia do Alto nos permite acessar (Mental Concreto, Astral, Etérico e Físico).

Para compensar, inclusive, os milênios passados em que nos ocupamos de desequilibrar, adoecer, e macular esses corpos, nossos e alheios. Geralmente por orgulho, ânsia de poder, pretensão e avidez de proveito próprio.

Inda bem que os nossos Corpos Causais, Búdicos e Átmicos nada tiveram a ver com isso.

Mariléa de Castro[5]

Bibliografia

BESANT, Annie. *O Homem e seus Corpos*. São Paulo: Pensamento, 1978.

HEINDEL, Max. *Conceito Rosacruz do Cosmos*. São Paulo: Fraternidade Rosacruz, 1961.

JINARAJADASA, C.. *Fundamentos de Teosofia*. São Paulo: Pensamento, s/d.

LEADBEATER. C.W. *O Homem Visível e Invisível*. São Paulo: Pensamento, 1980.

LUIZ, André. *Evolução em Dois Mundos*. Rio de Janeiro: FEB, 1961.

POWELL, Arthur. *O Corpo Causal e o Ego*. São Paulo: Pensamento, 1995.

______. *O Corpo Mental*. São Paulo: Pensamento, 1985.

______. *O Corpo Búdico*. São Paulo: Pensamento, 1987.

RAMATÍS (Psic. Hercílio Maes). *O Evangelho à Luz do Cosmo*. Limeira: Conhecimento, 2003.

BHAGAVAD GITA. (Trad. F.V. Lorenz). São Paulo: Pensamento, 1959.

5 Mariléa de Castro (Porto Alegre), professora, é coordenadora do Grupo de Estudos Ramatís de Porto Alegre.

Augusto Rogger Garcia
Moreira
Casa do Jardim
Porto Alegre, RS

Dialogando

A única e verdadeira intenção da Apometria é sua aplicação no terreno da Caridade.

Temos muito que conversar, o que já se fazia necessário há muito tempo, até mesmo e, principalmente, para abrirmos os nossos corações.

— *Se começássemos perguntando: o que é a Apometria?*

— A maioria de nós iria novamente pesquisar o livro do Dr. Lacerda, em busca da definição que ele próprio deu.

— *Mas e a nossa? Não teria alguma variante?*

— Certamente sim. Acreditamos mesmo que se fizéssemos uma pesquisa de opinião — e isto já está sendo cogitado pelo pessoal do GEPEA (falaremos dele mais tarde) — as definições seriam as mais variadas, embora mantidas as mesmas bases.

— *Significa isso que a Apometria é complexa?*

— Não! Ela é rica. Rica de perspectivas, nuanças, abordagens e ensinamentos. Como a única e verdadeira intenção da Apometria é sua aplicação no terreno da Caridade, o médium desdobrado entra em contato com o Mundo Espiritual, totalmente novo para nós, praticamente desconhecido e de que apenas estamos levantando uma pequena ponta do véu. Por desconhecido, perigoso.

Dr. Lacerda afirmou-nos ser o mundo espiritual altamente predatório. Tal expressão causou-nos espécie num primeiro momento, mas depois, analisando, concluimos que tinha razão. Não temos que nos proteger devidamente aqui no nosso mundo denso? E o que nos reserva um mundo ainda desconhecido e para o qual ainda não estamos preparados?

Cremos ser uma verdadeira temeridade excursionar pelo Mundo Espiritual sem a devida cobertura de nossos Guias e Protetores.

Com todos os instrumentos adequados para a realização de um atendimento apométrico, testemunhamos as nuanças que envolvem cada caso, ao realizarmos as mais diversas abordagens, com técnicas e procedimentos, visando ao alívio dos sintomas de nossos consulentes, assim como também detectar as causas cármicas que desencadearam a patologia atual.

Como cada ser humano é um ser original, original é a sua história, daí a riqueza de situações de vidas que se encadeiam, tecendo a malha de destinos que nos emocionam ou estarrecem.

Complexa é a vida de cada ser humano. A Apometria nada mais faz do que descortinar aos nossos olhos e à nossa compreensão as conseqüências inexoráveis do cumprimento ou não das leis divinas.

— Ao abordarmos a literatura disponível para estudar a Apometria, temos algumas dificuldades. Por que?

— Os livros do Dr. Lacerda, ***Espírito-Matéria*** e ***Energia e Espírito***, são as obras básicas referenciais para o verdadeiro conhecimento da Apometria.

Dr. Lacerda, espírita, médico, pesquisador nato e detentor de uma cultura enciclopédica, fundamentou suas argutas observações na confiança e do desempenho dos seus médiuns, mormente sua esposa, Dona Yolanda, sensitiva de longa e confiável vivência mediúnica e de inquestionável estofo moral e de vida pessoal dedicada à exemplificação, no dia-a-dia, de como viver realmente os ensinamentos do Cristo.

Durante mais de vinte e cinco anos ele analisou, comparou e confrontou dados e fatos nos atendimentos apométricos, orientado e intuído pelos seus Mentores e embasado na Ciência, principalmente na Física e no cientificismo de André Luiz e de outros clássicos do Espiritismo. Concluiu, deduziu e formulou as treze Leis da Apometria.

Devem ser livros de cabeceira, para pesquisa sistemática, que devem ser lidos não como se percorre um romance, mas com calma, espírito analítico e com profundidade de conhecimentos.

Toda vez que os relemos, descobrimos novos detalhes que nos tinham passado despercebidos.

A dificuldade de entendimento que pode ocorrer ao estudarmos os seus textos está no nosso não suficiente estudo e entendimento da bibliografia espiritualista em geral, mormente de André Luiz. Não poucas vezes, quando solicitávamos esclarecimentos, e após seus consistentes argumentos, o dr. Lacerda nos dizia: "Estudem André Luiz... estudem André Luiz... a mediunidade nada mais é do que Física vibratória, Física pura..."

Seguidamente citava e recomendava obras clássicas da Umbanda, Teosofia, Esoterismo, doutrinas e filosofias orientais. Mas as suas citações preferidas eram do Evangelho do Cristo.

Vocês já devem ter lido ou tido referências de outros livros sobre a Apometria, que complementam os escritos do Lacerda, e certamente são bons, mas devem ser lidos também com atenção e muito discernimento.

— Deduzimos que para estudar e trabalhar com a Apometria deve haver um bom lastro de conhecimentos.

— Sim. A Apometria não é para aventureiros. Como toda e qualquer atividade humana, o trabalhador deve saber, como e por que está realizando determinada atividade.

O Espírito de Verdade disse-nos: "Jesus deixou-vos um mandamento: Amai-vos uns aos outros; e eu vos deixo outro: Amai-vos e instruí-vos".

Baseados nisso e no "conhecer mais, para melhor servir", devemos estudar de forma mais abrangente e universalista possível.

Não queremos com isto elitizar a Apometria.

Apenas não queremos que uma eficiente ferramenta do Cristo seja vulgarizada e usada para fins outros que não a prática consciente e exclusiva da Caridade.

Profissionalizar a Apometria, que já foi vislumbrada como um filão de ouro por alguns, que a usam para fins mercenários e para promoção pessoal, é da responsabilidade de cada um.

Não bastam a inteligência avantajada e o conhecimento profundo, pois se não houver moral e ética, ficarão apenas como um adorno intelectual, o que, sob o ponto de vista evolutivo, mantém o indivíduo na horizontal.

Não temos o direito de indigitar e de julgar a quem quer que seja, até porque tais oportunistas atraem para si, como seguidores e até como consulentes, os seus afins, e os afins se beneficiam mutuamente.

— *Por que os espíritas, em geral, não aceitam a Apometria?*

— Digamos que alguns espíritas não aceitam ainda a Apometria. Na medida em que a estudarem e realmente a compreenderem, constatarão com facilidade que ela é baseada nos princípios preconizados pela Doutrina dos Espíritos e que tem o mesmo sentido universalista e evolucionista com que Kardec caracterizou o Espiritismo.

Constatarão também que a Apometria, ao mudar o estilo clássico de lidarmos com a Mediunidade, alavancou, sobremodo, o viés científico do Espiritismo

Senão, vejamos: A Apometria, tornando os médiuns mais conscientes, ativos e participativos, contribuiu decisivamente para revermos o conceito de Animismo, que já vinha se constituindo um verdadeiro entrave para os principiantes das lides mediúnicas, por praticamente ser considerado sinônimo de mistificação. O reestudo de Aksakoff demonstrará o imenso potencial espiritual do ser humano, mesmo estando encarnado, que pode ser mobilizado a bem dos consulentes.

Os competentes profissionais da TVP que o digam.

O Dr. Lacerda provou que o imensurável manancial de energia condensada no nosso corpo físico (energias Zoo ou Zeta), mobilizado conscientemente, pode fazer verdadeiros milagres em prol dos nossos irmãos desencarnados. Vencida a barreira física, trabalhadores encarnados e desencarnados, em verdadeira parceria, altamente produtiva, auxiliam doentes dos dois planos, resgatam levas de espíritos, esclarecem obsessores, capturam e encaminham magos negros etc.

Ao citarmos estas mais flagrantes utilidades da Apometria, queremos apenas motivar os que ainda não a conhecem, para — sem preconceitos — estudarem-na e por si verificarem o seu fantástico campo de ação e utilidade. Tudo, enfatizamos, em nome da Caridade e a serviço do Cristo Jesus.

— O fato dos apômetras trabalharem com os Orixás da Umbanda, também não é mais um entrave para a aceitação da Apometria pelos espíritas?

— O separatismo, a intolerância e o sectarismo são próprios de seres humanos que ainda não atingiram o nível de consciência fraterna. Não fizeram o mesmo com os livros de Ramatís?

Temos que frisar que tais espíritas são aqueles que não compreenderam que o Espiritismo é a Terceira Revelação Divina. Portanto, não exclui ninguém.

Além disso, fazem do Espiritismo mais uma religião, quando não o é. Como ensina Kardec, a Doutrina dos Espíritos tem três aspectos: científico, filosófico e de religiosidade.

As religiões são criações humanas, conseqüentemente, imperfeitas. A História está cheia de guerras religiosas através dos tempos, até os atuais. Em nome da chamada pureza doutrinária, uns combatem os outros, quando no âmago das questões encontram-se as diversas motivações egóicas, como a ambição, a sede de poder, imposição política ou de idéias, conquistas territoriais ou comerciais etc.

Não é o que está acontecendo atualmente no Oriente Médio? Não vimos até bem pouco tempo, os monges tibetanos entrarem em pé de guerra? Não há a guerra de púlpitos, agora também de palcos televisionados? Por que não haveria guerras nas salas escurecidas?

E o paradoxo está em que todas as religiões preconizam que devemos vivenciar o Amor nas suas múltiplas formas.

A Umbanda e a Apometria estão fazendo uma bela e eficiente parceria cristã — sem preocupação de fazer proselitismo — trabalhando, estudando, pesquisando e desenvolvendo na prática o verdadeiro sentido de religiosidade.

Disse Lacerda: "Que se desarmem as mentes; deixemos cair as barreiras dos preconceitos científicos ou religiosos e avancemos rumo aos horizontes novos e na viagem, é possível que se compreendam ainda melhor a razão e os objetivos da Apometria."

— E a Apometria tem alguma entidade representativa?

— Sim.

Os trabalhos de Apometria, iniciados em 1965 pelo Dr. Lacerda, expandiram-se principalmente na década de 80, nos estados da Região Sul do nosso país.

Como decorrência desse movimento de expansão, surgiu em 1990 a idéia de um Encontro de Dirigentes de Grupos da Apometria do país. A idéia só se concretizou em 1992, na cidade de Caxias do Sul-RS, quando o anfitrião, Dr. Dorival Ventura Ramos, apresentou a proposta da criação da Sociedade Brasileira de Apometria, que foi aceita e aclamada por todos os presentes, que também por unanimidade escolheram o Dr. Dorival como primeiro Presidente.

Com o seu Estatuto registrado oficialmente em 2000, assim como o Regimento Interno e o Código de Ética em setembro de 2002, ganhava legitimidade jurídica.

A título de divulgação, diremos que o Estatuto, no seu Capítulo III — Das Finalidades, diz:

Artigo 3º — Constituem finalidades da Sociedade Brasileira de Apometria:

I — Estudar, praticar e difundir os princípios e ensinamentos da Doutrina Espírita com sentido universalista, nos aspectos de Filosofia, Ciência e Ética.

II — Congregar instituições, grupos e pessoas que utilizam a Apometria em seus trabalhos de atendimento espiritual gratuito.

III — Promover o intercâmbio, a união, a solidariedade, a tomada de consciência do compromisso espiritual, sóciocultural e ético da Apometria e a reflexão sobre o seu desenvolvimento.

IV — Promover a orientação sobre os fundamentos filosóficos, científicos, éticos e técnicos da Apometria.

V — Promover a produção de conhecimento sobre os fenômenos relacionados com o processo evolutivo do ser humano, suas implicações, patologias e a aplicabilidade da técnica apométrica.

VI — Promover a difusão e a expansão do conhecimento sobre a Apometria e sua aplicação.

VII — Representar a Sociedade em fóruns de áreas afins e de outras áreas de interesse.

— A Sociedade Brasileira de Apometria tem cumprido as suas finalidades?

— Ainda não. Estamos longe disso. E por que?

A Apometria, sendo uma técnica comprovadamente eficiente, logo se divulgou por todos os recantos do Brasil e até do exterior e hoje os apômetras já se contam aos milhares, e continuam as suas caminhadas — necessárias, quem sabe — isoladamente, mas já não se justifica manter esse verdadeiro encistamento, já que temos a SBA. Mas ela ainda é nova e deverá ser valorizada.

Desde a sua fundação, abre-se para a SBA um leque de possibilidades e desafios, principalmente de ter a sua legitimidade reconhecida pelas Instituições e Grupos de Apometria, para que solidariamente se unam em torno do objetivo comum, que é juntos trabalharem pelo desenvolvimento e divulgação da Apometria. Para isso conta com a maturidade de todos, para que espontânea e incondicionalmente exercitem a solidariedade e a integração nacional de todos os apômetras.

A par das medidas oficiais e práticas temos que elaborar também:

- A criação de um relacionamento interpessoal aberto e franco, capaz de produzir amigos genuínos e de superar as raízes do isolacionismo;
- A preservação da unidade entre os apômetras;
- A criação de uma atmosfera de confiança mútua, respeito e solidariedade;
- A produção de um relacionamento sem espírito de competição e /ou personalismos.

Cada apômetra deve continuar com as suas características pessoais, com seu estilo próprio de trabalhar, mas na integração, na unidade, deverá haver cooperação mútua, servindo uns aos outros, trocando experiências e conhecimentos e tornando sólido, seguro e eficiente o cumprimento do propósito da SBA, que é de desenvolver a Apometria.

Para alcançar tudo isso, para que a SBA cumpra com suas finalidades estatutárias, é imperioso que os apômetras vençam o personalismo, o orgulho, a auto-suficiência etc. e que contemplem o todo como o objetivo principal.

— ***É realmente grandiosa a tarefa da SBA. E na prática, como está funcionando?***

— Muita coisa boa já se conseguiu. De acordo com a estatística do Departamento de Divulgação da SBA, a Apometria é trabalhada em 13 Estados do Brasil, 76 cidades, tendo 110 entidades não filiadas e 42 filiadas.

Em setembro de 2001, uma equipe de oito membros da Casa do Jardim, a expensas próprias, esteve em Portugal, onde divulgou a Apometria a partir da cidade de Leiria para outras cidades satélites, inclusive Lisboa.

Já foram realizados seis Congressos Brasileiros e diversos Cursos de Introdução à Apometria e Palestras em diversas entidades espíritas e congêneres.

— ***Foi citado o Depto de Divulgação da SBA. Existem outros Deptos?***

— Sim. Temos o Depto de Estudos e Pesquisas, Depto Jurídico e está sendo viabilizada a implantação de um Depto. Social.

Para maiores informes, convidaríamos aos interessados a visitar a home page da SBA, que está gradativamente sendo elaborada, mas já contém o básico sobre a Sociedade.

Na verdade o Depto de Estudos e Pesquisas é a coluna vertebral da Sociedade e sobre ele, consta no Regimento Interno:

Art. 61 — São atribuições do Depto de Estudos e Pesquisas.

a) Investigar e estudar os fenômenos relacionados com as técnicas de Apometria.

b) Estudar os assuntos científicos, paranormais e os relacionados com a Apometria e técnicas.

c) Promover grupos de estudo, cursos, simpósios, conferências e congressos

d) Enviar ao Depto de Divulgação os trabalhos relacionados com a Apometria, para fins de publicação.

e) Realizar pesquisas e experiências no campo apométrico.

f) Receber e examinar as novas técnicas detectadas pelos seus associados.

g) Divulgar as novas técnicas entre os seus associados, para serem testadas e depois de aprovadas, adotá-las oficialmente (consagração universal).

h) Apresentar trabalhos em eventos relacionados com os fins da SBA.

i) Efetuar intercâmbio com outras instituições congêneres.

j) Elaborar e assessorar trabalhos a serem apresentados em Congresso de Apometria.

k) Assessorar os trabalhos de pesquisas sobre Apometria em todas as Casas associadas.

Conscientes da importância, seriedade e complexidade da Pesquisa, que exige uma medotologia científica bem embasada, a SBA solicitou um curso sobre como fazer pesquisa e foi acolhida pela UFRGS através do órgão oficial — NIETE (Núcleeo Interdisciplinar de Estudos Transdisciplinares sobre Espiritualidade), surgindo então, o GEPEA (Grupo de Estudos e Pesquisa sobre a Espiritualidade e Apometria).

Fruto de uma caminhada inicial, o GEPEA apresentou um trabalho de Pesquisa Quantitativa no 6º CBA sobre o "Quem é o Consulente de Apometria nas Casas de Porto Alegre".

Iniciamos agora, com a orientação de Professores de Pesquisa da UFRGS, estudos sobre Pesquisa Qualitativa, que está em fase inicial, com aulas, estudos teóricos e revisão bibliográfica.

Enfatizamos a importância das Regionais dos outros Estados começarem a realizar esta parceria com as Universidades, a fim de legitimar os DEPs da SBA.

— Surgiram outros pesquisadores na Apometria depois do Dr. Lacerda?

— Sim. Surgiram novas técnicas e procedimentos e até Leis, detectadas de forma isolada por pessoa ou Grupo, que foram divulgadas prematuramente em livros e listas da Internet. O termo "prematuramente" foi usado de propósito, pois foram novidades divulgadas sem serem enviadas oficialmente para o DEP da SBA para serem devidamente testadas.

Em face desta situação, sem termos elementos para julgá-las, respeitosamente acolhemos tais trabalhos apenas como "notícia ou informação" mas que em breve terão que passar pelo crivo da testagem global.

Se tais novidades foram bem aceitas pelos seus leitores, os méritos são da pessoa ou do Grupo. No entanto, se causaram "espécie", nos autores recaem as conseqüências, não podendo, por questão de lógica, serem atribuídas à Apometria ou à SBA.

Dissemos anteriormente que a importância da SBA e dos DEPs não foi devidamente compreendida, por isso não vêm sendo valorizados. Aguardamos, com enorme expectativa, que os apômetras em geral se dêem conta de que a SBA é a sua representante oficial e legal, devendo ser prestigiada e legitimada, pois não faltam "novos bandeirantes e pioneiros" que, se aventurando pelo terreno fértil e ainda movediço do mundo extrafísico, dando rédeas à sua imaginação, entusiasmo e fantasias, querem afoitamente suplantar o Dr. Lacerda, só porque bem ele disse na Conclusão do seu primeiro livro:

> Tudo que vimos até aqui, tudo que se mostrou, resolveu, comentou, revelou; tudo quanto estudamos e analisamos é de interesse vital para todos os humanos — temos a certeza — e, por isso mesmo, fascinante. Os aspectos científicos dos fenômenos abordados são importantes e válidos, sabemos. As equações matemáticas que embasaram muitas de nossas pesquisas e achados falam a Verdade em sua frieza lógica, e estão bem aplicadas; mas tudo isso não valerá (e toda esta obra também) se não tiver o Amor como causa e o Amor como objetivo.
>
> O Amor deve ser o Alfa e o Omega da ação humana, pois só Ele dá consistência eterna.
>
> Baseados neste princípio, programamos um trabalho que dura mais de vinte anos, durante os quais temos procurado não nos afastar da essência do Evangelho e do

maior de todos os mandamentos: o do Amor. Este livro é apenas subproduto de nosso trabalho assistencial; só foi escrito porque esse trabalho precisa ser ampliado, de modo a abranger, se possível, todos os necessitados do Planeta – encarnados e desencarnados.

Não tem importância, portanto, o que esta obra possa ter de importante. Por mais valor que ela tenha, será ultrapassada pelo de outros que nos sucederão. É preciso que assim seja, pois ela visa à caridade e a caridade que ela ensejará, esta sim, há de ser inextinguível.

Augusto Rogger Garcia Moreira[1]

1 Augusto Rogger Garcia Moreira (Porto alegre, RS), médico, ex-presidente da SBA – Sociedade Brasileira de Apometria, trabalhador da Casa do Jardim.

Leni W. Saviscki
Sociedade Fraternal
Cantinho da Luz
Erechim — RS

Apometria, bisturi regenerador

Apometria é manipulação energética, e isso quer dizer "magia".

1— Introdução

Iniciávamos modestamente os primeiros atendimentos apométricos em nossa Casa, a Sociedade Fraternal Cantinho da Luz, em Erechim, RS, quando nos defrontamos com um pedido de atendimento complexo para nossa inexperiência.

Nosso grupo, então formado por equipe de quinze médiuns, vindos de outra Casa Espírita, fundou a Sociedade com o objetivo de um atendimento na área social às famílias carentes do bairro onde estávamos instalados. A descoberta da Apometria veio após, baseada na curiosidade. Inevitável o deslumbre inicial, porém aos poucos percebemos a seriedade dessa técnica de cura e, após longo período de estudos e laboratório, iniciamos alguns atendimentos. Estávamos ainda inseguros por tratar-se de algo novo para o grupo, até então ortodoxo e de certa forma assustados pelo "poder" que a técnica apométrica nos concedia. Usando a expressão de Nelson Mandela no seu discurso de posse, "nosso medo mais profundo não é o de sermos inadequados, nosso medo mais profundo é de sermos poderosos além da medida, pois na verdade é nossa luz, não nossa escuridão, que mais assusta."

Sendo a única instituição da cidade que se propusera a estudar Apometria, não estava sendo bem vista pelas outras

Casas Espíritas, havendo certa discriminação em face de nossa opção universalista. Foi então que bateu à nossa porta uma mãe desesperada diante da doença do filho. Inseguros, estremecemos mas compreendemos que "o mestre só aparece quando o discípulo está pronto", ou como diria Albert Einstein: "Deus não joga dados", ou seja, o acaso não existe. Sabedores da responsabilidade que nos imputa a omissão e conscientes de nosso dever no contexto cósmico, além da necessidade de mudarmos a polaridade de nossas ações pretéritas, nos propomos ao auxílio embasados no Evangelho de Jesus e dentro de nossas limitações.

O presente relato objetiva demonstrar em primeiro plano que a técnica apométrica, quando empregada com amor, seriedade e conhecimento, nos coloca como hábeis **instrumentos** e, porque não dizer, **parceiros** de trabalho nas mãos dos amigos espirituais. Como segunda referência, enfoca a mediunidade como oportunidade redentora, moeda valiosa que nos ajuda a quitar dívidas pregressas. No mais, a dor como remédio amargo, mas necessário...ainda!

2 — Relato de caso

> ... é absolutamente necessário que o médium se conscientize de que o correto exercício da mediunidade implica amor aos sofredores e desejo sincero de servir. Um médium é instrumento de serviço.
> ***Espírito Matéria***, Dr. José Lacerda de Azevedo - Cap.VI

Luis CP, homem comum, administrador de empresas, casado, dois filhos, sempre vivenciou a religiosidade dentro do catolicismo. A certa altura de sua vida descobriu que suas mãos aqueciam-se demasiadamente, chegando a causar-lhe mal-estar. Descobriu por intuição que isso era uma energia de cura e passou a usá-la caridosamente com efeitos benéficos nas pessoas adoentadas. Breve, isso virou notícia, passando a ser muito procurado, inclusive para atendimentos na UTI dos hospitais. Logo, em sua residência formaram-se filas de necessitados e sua vida não tinha mais privacidade. Eram chamados pela madrugada, em domingos e feriados, causando transtornos na vida familiar. Diante disso, a exigência de optar entre os doentes e a família. A contragosto, viu-se na obrigação de acolher a família e abandonou as curas.

A esposa, por sua vez, que nesta época trabalhava como médium em casa espírita, resolveu também abandonar o trabalho mediúnico. Os filhos crescidos, um universitário e outro já formado, Cirurgião Dentista, a quem denominaremos de VP. Aos 28 anos, jovem vigoroso, 1,86 m de altura, pesando perto de 117 kg, perfeitamente saudável, com consultório dentário montado, boa clientela, casado e feliz, sua rotina foi abruptamente interrompida.

> Seu cérebro é a ferramenta da sua alma. É a ferramenta da sua própria essência de ser humano.
>
> Dr. Daniel G. Amen

Certa manhã VP acorda convulsionando, sendo imediatamente submetido a exames clínicos, quando foi detectado um angioma cerebral congênito, devido a malformação da artéria venosa central, no lobo temporal e região temporo-insular direitos, necessitando de urgente cirurgia. Buscou-se, a partir daí, opiniões de vários profissionais na área médica, e cada vez mais a família tinha certeza de que a cirurgia era necessária, mas também que poderia ter conseqüências desagradáveis.

> O nosso medo mais profundo não é o de sermos inadequados. Nosso medo mais profundo é de sermos poderosos além da medida. É nossa luz, não nossa escuridão, que mais assusta.
>
> Nelson Mandela

Nesse período, nosso grupo estava saindo da fase de estudos e laboratório. Embora já efetuássemos alguns atendimentos, estávamos ainda inseguros por tratar-se de algo novo para o grupo.

> Não existe nenhum fenômeno num sistema vivo que não seja molecular, mas tampouco existe um que seja unicamente molecular.
>
> Paulo Weiss

O primeiro atendimento ocorreu na presença da mãe e do avô de VP, anterior à cirurgia. Basicamente resumiu-se no desdobramento dos médiuns e do consulente até o hospital no astral. Foi-nos mostrado em detalhes minuciosos o local do tumor, a presença de aneurismas e os danos que isso causaria na contraparte física, com inevitáveis e significativas seqüelas . Efetuou-se neste dia, a nível astral, uma cirurgia que baseou-se em delimitar a área específica atingida pelo angioma, colocando no cérebro uma proteção energética muito especial, trazida à nossa limitada memória física sob o aspecto de uma bolha gelatinosa iluminada, que deduzimos tratar-se de manta ectoplasmática, conforme cita Ramatís, em *Chama Crística*. Através da Tela Holográfica,[1] colhemos informações a respeito do resgate cármico de VP, cuja doença drenava energias psíquicas, neste instante de sua encarnação: — **Em vivência anterior, durante a guerra, fora um médico alemão que atuara em experiências danosas na área cerebral, tendo arrecadado, com isso, densas energias em seus corpos sutis.**

Os defeitos, guardados em nosso espírito, geram uma energia densa. Se não a drenarmos numa vida, automaticamente na outra, em fase pré-encarnatória, quando o espírito vai se acoplar ao ovo, passa para o cromossomo essas energias negativas, imprimindo-se no cromossomo o resgate a ser realizado, obedecendo às leis cósmicas.

Submetido a cirurgia no Hospital Luterano da ULBRA em Porto Alegre, confirmou-se exatamente a localização do tumor, as partes cerebrais afetadas e dois aneurismas, coincidindo com a descrição do trabalho apométrico, como se tivéssemos lido antecipadamente um apurado exame de tomografia.

---

1 "...as experiências do espírito milenar vão sendo arquivadas numa espécie de holograma, em que as vivências nas diversas encarnações são específicas ondas vibratórias, "acondicionadas" em um mesmo enfeixamento ondulatório, como se estivessem sobrepostas em uma única escala de freqüência, sem início ou fim, caracterizando a unidade atemporal que é o inconsciente. O que fazemos nos atendimentos da apometria é potencializarmos as ondulações desse feixe que estão distorcidas e ressoando negativamente por traumas do passado não superados, direcionando-as para os médiuns captarem os estímulos desequilibrantes que aparecem polarizados impressos na rede sináptica ocasionando a natural somatização." — Espírito Vovó Maria Conga no capítulo "Desdobramento nos Grupos de Apometria" da obra *Jardim dos Orixás*, de Ramatís. Veja também referência sobra a "tela holográfica" na página 77 da obra ***Evolução no Planeta Azul***, do mesmo autor.

A cirurgia durou 22 horas, com acréscimo de mais 4 horas pelo surgimento de um sangramento. Durante os primeiros doze dias do pós-cirúrgico ocorreram mais cinco cirurgias, devido ao surgimento de novos sangramentos e aumento da pressão craniana. Depois disso, a situação se complicou pelo fato de que VP, ao retornar da anestesia, iniciou um processo de inquietação, debatendo-se, o que obrigou os médicos a levá-lo a um coma induzido.

Durante mais de 50 dias, seu crânio permaneceu aberto, fazendo-se necessário abrir o abdômen de VP para guardar dentro dele a parte óssea superior. Embora a hemorragia e o cérebro praticamente exposto, admirava-se o cirurgião com a resistência imunológica do paciente, chegando a comentar com a família sobre sua impressão: — "Nunca vi um cérebro tão bem protegido!" Impressionava o cirurgião o fato de que todos os sangramentos ocorriam onde havia sido extirpado o angioma, em momento algum atingindo áreas mais nobres do cérebro.

Em função da limitação médica quanto à hemorragia, a família, preocupada, solicitou-nos novo atendimento. Aberta a freqüência de VP, sintonizamos com espíritos obsessores que agiam como vampiros, utilizando-se dos fluidos vitais de seu sangue. Retirados, instruídos e auxiliados esses irmãos, foi observado um rompimento em um minúsculo vaso sangüíneo que, pressionado anteriormente por uma espécie de coágulo, causava a hemorragia; ali havia sido instalado pequeno aparelho magnético de baixa freqüência vibratória. Havia uma ligação com entidade revoltada e vingativa, em total desequilíbrio, se dizendo vítima do médico alemão, e que comandava à distância o referido aparelho. Também foi esclarecida, tratada, e usando a técnica de despolarização dos estímulos de memória, possibilitamos que a entidade se desligasse da insistente lembrança do sofrimento do passado, estimulando-a a buscar em seus arquivos momentos mais amenos. Foi levada a tratamento no astral, até que obtivesse condições de um entendimento maior. Em estudo posterior do caso, percebemos que o nosso medo inicial nos limitou quanto à visão total do problema. É provável que esse aparelho danoso já se encontrasse ali antes do primeiro atendimento, e se houvesse sido retirado, evitaria o sangramento.

Através da Dialimetria, após desmagnetizado e retirado o aparelho, foi dissolvido o coágulo e desbloqueado o vaso sangüíneo, sendo após suturado o vazamento. Necessária se fez ainda a harmonização do consulente, que manifestou-se através da sintonia de um médium, afirmando não querer mais voltar ao corpo físico por medo das limitações a que ficaria exposto, por saber do estigma que herdara, pelos erros passados. Renitente, dizia que fora do corpo não sentia dores e o lugar onde se encontrava era muito agradável. Com muito amor, foi então orientado a colaborar, aceitando o equipo físico com suas futuras limitações, conscientizado de que poderia reverter o quadro usando sua força de vontade.

> Com encarnados, usamos o desdobramento apométrico para tratar o espírito do paciente pela dialimetria (como se estivesse desencarnado) e, por fim, o acoplamos novamente ao corpo físico.
>
> *Espírito Matéria*, Dr. José Lacerda de Azevedo.

Imediatamente após trabalho, obtivemos notícias do hospital, dando-nos conta de que a hemorragia havia cessado, sendo logo após, retirado do coma induzido. Obteve alta hospitalar após 64 dias de internação, em estado quase vegetativo.

Seqüelas do pós-operatório: — calcificação nos tendões da perna esquerda à altura do quadril, trauma causado pela angiografia, perda dos movimentos da mão e da perna esquerdas, torcicolo crônico, perda do equilíbrio corporal, perda parcial da fala. Não caminhava e não mantinha o pescoço. Osteoporose em função da imobilidade. Havia emagrecido 30 kg.

Após, foram disponibilizados ao nosso irmão todos os recursos da fisioterapia, e a nível energético ficou sendo observado e trabalhado sistematicamente por nosso grupo, com Cromoterapia a Apometria.

Colocação de Aparelhos de Cura

Sob orientação da equipe espiritual de médicos orientais, eram agendados atendimentos mensais, quando ocorriam minicirurgias em seu cérebro energético, que consistiam na colocação ou troca de minúsculos aparelhos restauradores. A cada troca de aparelho, era visível o resultado positivo a nível físico. A despeito da expectativa médica, VP readquiria os antigos movimentos, o equilíbrio e a fala.

Ficamos um tanto apreensivos quando iniciou-se este processo de implante de aparelhos benéficos, pois até então, o grupo não tinha conhecimento através de nenhuma literatura de que isso fosse possível. Tínhamos conhecimento de aparelhos nocivos colocados pela espiritualidade inferior.

> Uma das técnicas obsessivas mais "refinadas", ..., é a implantação de aparelhos parasitas no sistema nervoso etérico dos obsidiados. Estas pequenas engenhosidades tecnológicas podem se colocadas no bulbo, cerebelo, lobos frontais, medula espinhal, entre outros locais físicos relacionados com o psiquismo do ser. Geralmente têm dispositivo elétrico — eletrônico com a finalidade de interferir nas sinapses nervosas (...) Os mecanismos que "ativam" o funcionamento destes aparelhos estão ligados com os pensamentos mais profundos e inevitavelmente oriundos do inconsciente milenar e de ressonâncias de vidas passadas que estabelecem o fulcro gerador das emoções debilitantes do ser na presente encarnação. Por si só são inofensivos naquelas pessoas em que se faz valer o velho aforismo popular: "em cuidado e arado jardim, o inço e as ervas daninhas não crescem". Ou seja, o mal só se instala onde encontra terreno fértil.
>
> Ramatís, ***Evolução no Planeta Azul***

No final de 2003, quando já tínhamos encerrado o tratamento, recebemos através do livro ***Além da Matéria*** ditado pelo espírito Joseph Gleber (Editora Casa dos Espíritos), à p.185, a seguinte informação:

> Também existem aparelhos implantados por equipes socorristas, visando a auxiliar em casos de emergência, principalmente quando o ser encarnado obtém do Alto concessão de moratória no corpo físico, (...) podem ser realizados implantes de aparelhos em determinados locais de seu corpo etérico ou espiritual para gerar mais fluido vital ou aumentar o poder de absorção de tal fluido na natureza. É importante notar que a tecnologia extrafísica não é empregada somente para o mal, mas também

para o bem, conforme os interesses dos espíritos que assistem cada um.

A osteosporose e a calcificação eram algo preocupante para seu ortopedista. Nos atendimentos apométricos, os médicos espirituais nos informavam que estava sendo realizada uma "reconstituição óssea" e que ela seria sanada a nível físico. Seis meses após, o médico ortopedista, surpreso, fez e refez as radiografias, pois não acreditava em tamanha recuperação dentro de tão pouco tempo.

Em todos os atendimentos apométricos efetuados, os amigos espirituais sempre nos lembravam de que o ocorrido, sendo ressonância do passado delituoso de todos os envolvidos, estava naquele momento agindo como o remédio amargo, mas necessário para o despertar, visto que tinham grande comprometimento cármico. Na medida em que compreendessem a responsabilidade assumida no astral, suas vidas voltariam a normalizar-se, dentro do merecimento de cada um.

Hoje, seus pais são trabalhadores laboriosos de nossa Casa, conscientes de que tudo pode ser harmônico e adaptável ao nosso cotidiano, inclusive a mediunidade. VP já fala normalmente, caminha com mínima limitação e sua mão já esboça alguns movimentos. Quadro que, de certa forma, intriga seu cirurgião, pois não era essa a perspectiva do quadro clínico pós-operatório. Manifestou potencial mediúnico no campo da vidência e durante o Evangelho no Lar, já deu passividade a um Protetor preto velho que veio alertá-lo sobre seu comprometimento com a mediunidade de cura. Tem grande apreço e ligação com a Umbanda e conta-nos suas visões a nível astral, quando está sendo atendido, sobre o trabalho de pretos velhos e caboclos, identificando as entidades pelo nome.

> O kardecismo é Jesus ensinando e a Umbanda é Jesus trabalhando.
>
> Babajiananda / Roger Feraudy — *Umbanda, Essa Desconhecida*, **EDITORA DO CONHECIMENTO**

Conforme nos conta sua mãe, VP desde criança manifestava acentuada vidência. Na juventude, começou a freqüentar um Centro Espírita, cujo trabalho se limitava a manifestações de espíritos sofredores. Como ele não se encaixou na passividade ou doutrinação, viu-se desmotivado a continuar na casa, faltando por parte dos dirigentes daquela seara o conhecimento necessário para dar ao médium esclarecimentos e suporte no desenvolvimento adequado de sua mediunidade.

> Está claro que existem características mediúnicas diferentes, não constituindo variante nem modalidade do espiritismo na concepção kardequiana. Mas, o fato de suas práticas serem diferentes, não quer dizer que os fenômenos da mediunidade existentes em seu seio sejam errôneos, ou que somente a prática mediúnica espiritista de mesas seja a correta.
>
> Ramatís, ***Chama Crística***

Toda ferramenta sem uso e exposta às intempéries, enferruja e se não acudida a tempo, se torna inútil. Talvez por isso a bondade divina, através de nossos protetores mais diretos, comprometidos com nossa evolução e conhecedores de nossa ficha cármica, por vezes nos expõe a certas dificuldades com o objetivo de acordarmos para o que transcende nossa limitada visão material. Dores e estremecimentos necessários à nossa evolução.

3 — Conclusão

A técnica apométrica, abençoada ferramenta trazida pelo Dr. José Lacerda de Azevedo, (1919 — 1997) e hoje usada por grupos de trabalhadores sérios e estudiosos, merecedores de todo respeito da espiritualidade superior, nos dá a perfeita noção do que Jesus falou sobre "nós sermos deuses". Conforme cita o Espírito Babajiananda, apresentando-se como Pai Tomé no livro ***Umbanda essa Desconhecida***, (Editora do Conhecimento) ***...com a apometria o processo terapêutico se diversifica, oferecendo uma medicina mais ampla, com resultados surpreendentes...***

Por outro lado, pela experiência do caso exposto, nos cabe assegurar que essa mesma técnica não produz milagres, mas efeitos obedientes às leis maiores. ***Apometria é manipulação***

energética, e isso quer dizer "magia", e como tal exigindo, no mínimo, extrema responsabilidade por parte dos manipuladores. A chave da percepção, que nos coloca em contato com as realidades universais, é a humildade, o reconhecimento da própria pequenez diante do Senhor Supremo, em cujo seio existimos e nos movemos, conforme observava o apóstolo Paulo.

Hoje, nosso grupo, já mais fortalecido, continua buscando conhecimento na literatura, junto a outros grupos e com os amados amigos espirituais que nos assistem. Adeqüamo-nos a novos métodos, não esquecendo porém que a raiz é que sustenta a árvore, cujos galhos necessitam, às vezes, de inevitáveis podas para que possa dar frutos saudáveis.

Leni Winck Saviscki[2]

> Vistes-Me curar todas as enfermidades e aliviar todas as dores humanas, acalmar as tempestades no mar e na terra, paralisar a ação delituosa dos malvados, desaparecer do meio da multidão, chamar à vida os que antes da hora a queriam deixar... E vós deveis fazer o mesmo quando eu haja regressado ao Pai... e marcheis por meu caminho sem minha presença física.
>
> *Jesus, Poema Imortal* - Parte II, FEEU

2 Leni Winck Saviscki (Erechim, RS), médium da Sociedade Fraternal Cantinho da Luz

A Luz e a sombra de Peixes

Haiawata

Toda Era Astrológica (um período de aproximadamente 2160 anos), tendo características próprias que configuram sua natureza, possui também — como cada signo — seus aspectos de Luz e Sombra.

Enquanto a Luz é aquela meta evolutiva, com várias facetas, a ser conquistada pela humanidade durante cada era — pode-se dizer que é construir uma nova dimensão da consciência coletiva — a Sombra é aquela parte do inconsciente coletivo, dos "porões" da humanidade, que vem à tona para ser conscientizada, curada — para dela nos libertarmos (tanto quanto possível). Análogo ao que acontece, em termos individuais, à medida que vamos renascendo em um signo após outro: apropriando-nos da Luz e curando a Sombra dentro de nós, enquanto a força centrífuga de cada energia zodiacal "traz à tona" uma por uma dessas doze facetas de nosso pequeno cosmo interno. E como o que está embaixo, é o que está em cima.

A Era de Peixes, regida por Netuno, energia da espiritualidade e da ilusão (respectivamente nos lados Luz e Sombra), nos deixa, em seu ocaso, uma dupla herança de claridade e escuridão.

Peixes, o 12º signo, representa o fim de um ciclo, portanto a depuração do que ficou dele e o salto para um novo ciclo. Em decorrência, toda a "escória" da era precisa vir à tona para ser reconhecida e tratada.

Nesta Era de Peixes que ora se encerra, estamos assistindo ao fim de uma Kali Yuga – a Idade Negra, o ponto extremo da materialidade, o fim do arco descendente da humanidade, para começar agora o ascendente. Um grande impulso, um verdadeiro salto quântico precisou dar o impulso à consciência planetária para vencer esse limite. Foi a descida de Luz Crística, que impregnou a aura planetária, num processo ainda inconcebível e desconhecido da humanidade em geral: a descida à matéria do canal vivo do Logos Planetário – o Mestre Nazareno. Processo iniciático, invisível e desapercebido, de que só foram captadas as conseqüências externas nas consciências humanas, modificadas ao contato do ensinamento e da irradiação amorosa de Sua alma.

O mundo mudou à Sua passagem.

Se esse mundo nos parece ainda inferior, é porque não conseguimos reconstituir plenamente o que era antes. A consciência coletiva subiu mais, como um todo, nestes 2000 anos, do que nos 200 mil anos em que vem evoluindo desde a Grande Atlântida – se considerarmos o todo, não casos particulares.

O aspecto mais saliente da herança de Peixes é a proposta de um ideal espiritual de amor universal (típico do signo), de religação com o divino através do serviço amoroso/renúncia em favor do coletivo.

As criaturas que já efetuaram com proveito o curso da Era de Peixes, credenciando-se, pois, à matrícula na etapa seguinte – a Era de Aquário – são exatamente aquelas que já introjetaram em suas almas, com naturalidade e como um automatismo, pelo menos um nível básico desse Amor Universal e da capacidade de renúncia do seu "pequeno eu" em prol da felicidade e proveito do eu coletivo da humanidade.

Aqueles, por exemplo, que já não sentem a menor necessidade ou prazer de "tirar vantagem de tudo", já que isso inevitavelmente signfica a "desvantagem de outros".

Quem ainda sintoniza com a volúpia intensa de possuir

para si, e só assim consegue tecer a própria ventura, está evidenciando que ainda não se graduou na lição da Luz de Peixes.

Mas, e a Sombra pisciana?

Um dos seus aspectos peculiares foi o desvirtuamento do espiritual — a utilização insana de pretextos "espirituais" para encobrir as mazelas dos porões morais da humanidade. Para matar, torturar, dominar — e enriquecer. As Cruzadas, a Inquisição, o poder temporal da Igreja fazendo e desfazendo reis, a ética protestante legitimando o lucro do capital, foram alguns desses aspectos. Nunca se matou, se dominou e se enriqueceu tanto em nome da religião como no decorrer desses dois mil anos piscianos ora em seu ocaso.

E, neste crepúsculo da era, ainda a Sombra de Peixes se faz sentir. Aos familiarizados com as características netunianas negativas, não causa estranheza que sejam exatamente as grandes mazelas desse ocaso as drogas — regidas por Netuno. Ou o fascínio ilusório do glamour da moda, elevado à categoria de preocupação universal — outra característica da ilusão netuniana. E tampouco é de admirar-se que outra sombra netuniana se alastre fecunda neste apagar das luzes piscianas: o uso da "espiritualidade" como moeda de troca para o lucro fácil.

Junto com os valores e conhecimentos da Nova Era, capazes de promover a libertação das consciências, com o assumir de uma posição de auto-responsabilidade diante da evolução, principiou a crescer uma erva daninha, sedimento que ficou no fundo da taça de Peixes, como a borra do vinho que se consumiu.

E a "espiritualidade" torna-se mercadoria fácil nas mãos dos iludidos, retardatários dessa era. Tudo se vende, então, à conta de "conhecimento espiritual".

As grandes e perenes verdades, que balizam há milênios o caminho da humanidade no rumo da Sabedoria, permanecem simples e acessíveis a quem desejar, tanto em compêndios comuns, como em agrupamentos abertos e fraternais, como centros espíritas e umbandistas, lojas teosóficas, grupos rosa-cruzes, de estudo de ioga, de orientalismo, de esoterismo, fraternidades universalistas, e demais agremiações onde o Conhecimento autêntico é dado de graça e amplamente compartilhado. Obras acessíveis a todos os bolsos divulgam universalmente as velhas verdades, as mesmas que desde milhares de milênios eram ensinadas apenas no recesso dos templos iniciáticos, aos principiantes do Caminho. Hoje, a humanidade cresceu e merece ter acesso amplo a esse primeiro nível do Grande Conhecimento.

Mas, por estranho que pareça, não se afigura suficiente.

As cristalinas verdades iniciáticas disponibilizadas à humanidade por grandes correntes contemporâneas — como o Espiritismo, a Teosofia, a Yoga e o Budismo trazidos para o Ocidente, entre outras — não satisfazem a ânsia humana de quinquilharias ilusórias e brilhos fascinantes.

E, como versões atualizadas dos "vendilhões do templo", que comercializavam aves, cabritos e ovelhas nas dependências externas do Templo de Jerusalém, para prover às necessidades "religiosas" dos fiéis, iludidos quanto às intenções e expectativas da Divindade, proliferam hoje os "vendedores da espiritualidade" de todos os matizes.

Vende-se o "conhecimento espiritual" em cursos de rótulos variados e objetivos multifacetados. Vende-se quinquilharias e adereços, instrumentos e símbolos, como se vendia indulgências na Idade Média ou animais para o sacrifício nos templos do paganismo.

Vende-se desde o curso rápido de iniciação aos poderes mentais, às viagens astrais e ao acesso a vidas passadas, como se vende a Energia Cósmica aplicada na cura sob variados e modernos rótulos — quase como os ingênuos mascates de antanho vendiam os elixires cura-tudo em atraentes vidros de variadas cores e rótulos brilhantes.

Tudo é pretexto de ganho e proveito — desde a identificação das entidades angélicas supostamente dedicadas a bater ponto quotidianamente no atendimento aos seres humanos, até a quantificação dos destinos individuais através do cálculo numerológico que deve apontar ditas e desditas do consulente.

As velhas ciências iniciáticas — a Astrologia, a Numerologia, o Tarô, a Magia, a Cura Espiritual, a Cromoterapia e outras — trazidas à luz da Nova Era pela misericórdia dos Mestres Espirituais, para esclarecimento e auxílio à humanidade — transformam-se facilmente em balcão onde se negocia a "espiritualização" e a cura mediante a troca por moedas.

Nem mesmo o intercâmbio com o Além e o concurso da Espiritualidade escapam a essa tendência nefasta da Sombra pisciana. Há quem venda os favores do Além nas negociatas excusas da magia a varejo, executada em fundo de quintal ou em pseudotemplos que usurpam o nome de movimentos respeitáveis. E há quem se alie com os prepostos das Sombras em lamentáveis escambos onde o mediunismo é vendido pela triste moeda da vantagem de hoje que resultará na obsessão do amanhã.

Os magos negros do Além sorriem, satisfeitos, ao verem as mais preciosas dádivas da Espiritualidade, transpostas para a humanidade no objetivo de acelerar o seu progresso, como métodos, técnicas e sistemas de cura, esclarecimento e expansão de consciência, serem dilapidadas e usurpadas para a comercialização insensata e gananciosa.

A ingenuidade de muitos alimenta a avidez de alguns, que ainda, numa atitude que só causa piedade aos espíritos superiores, estacionaram na ilusão pisciana, e não conseguiram libertar-se do engodo que a imersão no maya — a grande ilusão dos mundos materiais — proporciona. A ilusão de com tudo lucrar, de tudo trocar por moeda, desde a energia cósmica que o Pai nos dá de graça, até o intercâmbio com o Além e a sabedoria que os Mestres verdadeiros sempre doaram a mancheias, de graça e com imaculado amor pela humanidade sofredora.

Quando a humanidade descobrirá a felicidade de partilhar espontaneamente o Conhecimento com o semelhante, em troca de nada que não seja o seu sorriso de alegria?

Quando deixarão os homens que a humanidade se acerque do altar do Deus Único — situado no recesso de seu próprio coração — sem pagar pedágio aos coletores de impostos da espiritualidade?

Quando se deixará de vender, no átrio do Templo do Altíssimo que se ergue em nosso ser interno, toda a coleção de senhas, invocações, rituais, posturas, símbolos, técnicas, sistemas e modismos para supostamente abrir portas que desde sempre estiveram abertas, pelos Mestres da Sabedoria, para toda a humanidade?

Todos os instrumentos diretos da Espiritualidade — seja

a mediunidade ou a Apometria, a Energia Cósmica ou o ensinamento espiritual, não deveriam jamais ser objeto de lucro de quem quer que seja. O ensinamento deve ser dado de graça aos que o pedirem, como foi recebido desde sempre dos verdadeiros Instrutores da humanidade. Nunca se viu um verdadeiro Mestre cobrando para dar curso do que quer que fosse. A cura e o socorro espiritual, dos quais os homens não são os autores, e sim apenas os comprometidos instrumentos — mal refeitos dos piores débitos do ontem — deveriam ser oferecidos sempre de mãos abertas, limpas e isentas da mácula do interesse.

A sobrevivência do trabalhador espiritual não deveria ser associada jamais à esfera da espiritualidade, trocando energias, ensinamentos e benefícios do Além por vantagens ou autopromoção de qualquer espécie.

A espiritualidade não é uma profissão, não é um ramo de comércio, não é um bem de consumo ou prestação de serviço profissional. É o caminho da felicidade, o encontro com o divino em nós.

Pode-se vender imagens de anjos, mas não a angelitude — como sempre se venderam imagens de santos, mas não a santidade. Pode-se vender símbolos que lembram a sabedoria, mas não a sabedoria em si. Esta tem que ser conquistada, com árduo esforço de auto-superação.

Há dois mil anos o Mestre dos mestres enunciou claramente: "De graça recebestes, de graça daí". E há dois mil anos a humanidade inventa sofismas e acomodações de consciência para tangenciar esse preceito.

É tão ingênuo alguém crer que está se "espiritualizando" simplesmente porque se cercou de simbolos espirituais, mandalas, retratos de mestres e toda a parafernália dita "esotérica", como acreditar que verdadeiros mestres, guias e protetores darão cobertura espiritual a quem se utiliza de técnicas e recursos destinados à cura e ao socorro de caridade em proveito próprio ou para alimentar, direta ou indiretamente, o próprio ganho.

Haiawata[1]

---

1 Espírito que foi instrutor do povo iroquês, na América do Norte, por volta do século XV. Idealizou e concretizou a Federação Iroquesa, um projeto de paz e universalismo que desejava estender a todos os povos do planeta.

Dorival Ramos
Centro Cultural Espírita
Jardelino Ramos
Caxias do Sul — RS

Apometria e Medicina

Quando nossas atitudes, escolhas, julgamentos, atos, forem contrárias ao interesse de nossa alma, portanto de Deus, há uma reação igual e contrária traduzida como enfermidades, alertando-nos a corrigir nosso sistema de valores e crenças.

Apesar da proliferação exagerada de escolas médicas e o esforço governamental, a população continua doente ou em instável equilíbrio medicamentoso, principalmente doentes psicossomáticos. O reflexo desse desequilíbrio é um gasto anual de 407 bilhões de dólares.

Jesus continua sendo o melhor terapeuta e seu evangelho a melhor farmácia. "Mais que um repositório teológico, é um tratado de ciência, apenas expresso em termos de sua época," diz Pastorino, em "Técnica da Mediunidade".

A saúde é um completo equilíbrio e bem-estar físico, emocional, mental, espiritual e social. É uma paz dinâmica, ou seja, o ser necessita estar sempre aprendendo, servindo o que tem de melhor e sintonizado com sua alma e os seres de luz para manter-se saudável, com ótima qualidade de vida.

Para isso é necessário cultivar a sabedoria e o amor em suas expressões, como compaixão, ternura, alegria, bom humor, esperança e caridade.

O amor é uma emissão de alta freqüência. Para mantermos a corrente amorosa ativa e útil é necessário um esforço diário de um bom proceder, de exercícios físicos, mentais e de constante ação benevolente.

A alma tem programado um esquema de vir-a-ser até atingir a perfeição para a qual foi criada, principalmente o poder, a liberdade, a sabedoria e o amor.

Quando nossas atitudes, escolhas, julgamentos, atos, forem contrários ao interesse de nossa alma, portanto de Deus, há uma reação igual e contrária traduzida como enfermidades, alertando-nos a corrigir nosso sistema de valores e crenças.

O tratamento mais eficaz, como sabemos, é a evangelhoterapia. À medida que nos aproximamos do Cristo e do amor em ação, entramos no fluxo da vida e rumamos, seguros, para as bem-aventuranças da vida eterna. Para a luz!

Para tanto é imprescindível amar e instruir-se, como alertou o Espírito Verdade a Allan Kardec.

A Terra é uma colônia de aprendizado onde reencarnamos para curar nossas imperfeições. Estas, oriundas de programas inadequados de vidas passadas, com os quais alteramos a lei da harmonia cósmica, que precisa restabelecer-se.

É necessário adquirir novos programas. Estudando, experimentando e agindo com o nosso melhor, mantemos saúde, prosperidade e amor — atributos divinos.

Mas enquanto a evolução não traz novos horizontes, o ser humano escolhe mal e adoece.

A doença é um sintoma ou sinal de que estamos negligenciando os valores da alma. O tratamento apométrico proporciona um alívio temporário e consiste na limpeza espiritual, mental, emocional e física.

A limpeza espiritual é feita por uma equipe formada pelos dois planos.

É de plena convicção que estamos trabalhando para o Cristo.

A metodologia terapêutica espiritual, além da prece, passes, água fluida, complementa-se com a terapia desobsessiva, tão bem estudada por Kardec e seus continuadores.

Entre eles destaca-se o dr. **José Lacerda de Azevedo**, que propiciou um salto quântico importante nessa terapia.

A **Apometria** baseia-se no princípio físico do **desdobramento**, isto é, a capacidade do perispírito desprender-se do corpo físico, de forma consciente ou não, podendo projetar-se à distância.

No mundo dos espíritos, a utilização da vontade e do pensamento materializa a força criadora, isto é, damos forma ao que pensamos, e esta forma é mais ou menos perfeita conforme a qualidade de energia emitida.

Com pulsos energéticos, formamos o fluxo de energia, pela multiplicação da energia cósmica espiritual e da energia material do médium ou da equipe mediúnica.

Tratando o encarnado como espírito que é, ou seja, desdobrado e acoplado num médium, percebe-se que a força curativa é mais eficaz, pois é mais fácil harmonizar o perispírito. Como há uma ligação de célula a célula entre o perispírito (modelo organizador biológico) e o corpo físico, corrigindo a fôrma, corrigimos a forma. São curas "milagrosas".

Pela facilidade em trazer os enfermos que estão na mesma faixa vibratória, aproveitamos o momento e ajudamos a curar e esclarecer um grande número de entidades sofredoras que vivem com a família do doente, ou em seu ambiente de trabalho, ou em hospitais, em presídios, em colégios etc., facilitando a vida de muitas pessoas.

Confiando na equipe espiritual e utilizando técnicas apométricas, vamos adentrando nas regiões umbralinas e interferindo nos esquemas diabólicos de irmãos nossos, que procuram dominar as mentes humanas, dificultando o progresso moral e científico da humanidade e causando doenças, desequilíbrios, mal-entendidos e até a morte.

Esses espíritos são trazidos em campo de força, pelo Mundo Maior, e após acoplamento mediúnico, se tornam mais suscetíveis para entender a desvantagem do mau proceder e a importância do trabalho com o Cristo, para a felicidade de todos. Quebra-se o estado hipnótico. Despolariza-se a mente.

Com o concurso dos pretos velhos, caboclos, enfermeiros, médicos do Hospital Cáritas, dos anjos de guarda, dos padrinhos do Reiki, das irmandades brancas antigas de Atlântida e do Egito, levantamos todos os trabalhos de magia negra, bases, esquemas de encarnados e desencarnados interessados na perseguição e vingança.

O desdobramento é muito mais importante do que imaginamos à primeira vista.

Causas do desdobramento:

1. Sono fisiológico: normalmente nos desprendemos do corpo, e dependendo da evolução espiritual, participamos ativamente do mundo espiritual, seja em aprendizado, em socorro aos necessitados ou em viagens astrais, do tipo sonho lúcido.

2. Transe: é um estado alterado de consciência:
   a. hipnótico: induzido pela sugestão mental.
   b. magnético: através de passes o hipnotizador passa fluido magnético, acompanhado de sugestão mental.
   c. mediúnico: a incorporação mediúnica, sendo o médium consciente ou inconsciente do fenômeno.

3. Anestesia Geral: desdobramento artificial.
4. Êxtase místico.
5. Choques emotivos - o paciente quer fugir da realidade: desmaios etc...
6. Substâncias tóxicas:endógenas ou exógenas.
7. LSD e similares.
8. Estado de coma.
9. Síndrome de abstinência.
10. Projeciologia.
11. Regressão: consciente ou hipnótica.
12. Apometria: método rápido, seguro, eficaz, inócuo, crístico.

Objetivo do desdobramento:

1. Perispírito (Allan Kardec) ou
2. Corpos energéticos: (literatura esotérica).
   a. Duplo etérico.
   b. Corpo astral.
   c. Corpo mental.

Apometria é, portanto, uma técnica experimental de desdobramento anímico sob comando mental, utilíssima no tratamento espiritual.

Utilidades práticas da apometria:

1. Desdobramento dos sensitivos e dos pacientes: para os sensitivos facilita sua desenvoltura no mundo espiritual e também na ajuda ao espírito incorporado. Os pacientes des-

dobrados são facilmente ajudados pelo Mundo Maior, tratados em Hospitais do Astral.

2. Desenvolvimento das qualidades anímico-mediúnicas dos sensitivos. Temos observado que a apometria apressa o desenvolvimento mediúnico; além disso, o médium doutrina, fala com os espíritos doentes, ministra passes etc... Fica mais solto. Mais livre. Tem uma participação ativa no trabalho. É, inclusive, incentivado.

3. Identificação e tratamento de novas síndromes espirituais. À medida que o grupo cresce em maturidade e capacidade, novas técnicas e oportunidades serão dadas, para melhor agir no mundo dos espíritos. Identificação e retirada de aparelhos parasitas, tratamento de fobias, da síndrome do pânico e depressões, percepção de trabalhos de magia negra, identificação de larvas, amebas mentais, elementais criados pela mente humana, simulando espíritos obsessores. O animismo é um grande iceberg. Precisamos aprofundar mais.

4. Auxílio ao mundo espiritual. À medida que temos a consciência de que o pólo material é um dos pilares para o fluxo das energias psíquicas e que podemos fornecer auxílio eficaz aos bons espíritos, dispondo de grande quantidade de energia cósmica, condensando-a pela contagem e pelo pensamento, somados ao ectoplasma da equipe mediúnica, forma-se grande quantidade de matéria-prima que será valiosa no auxílio aos pacientes.

Motivos que direcionam os enfermos a procurar a Apometria:

1. Insucessos, decepções e falta de perspectivas com a medicina clássica. Como a medicina clássica age quase que exclusivamente na matéria e a gênese das doenças está no espírito, quase todas as doenças, em fase inicial, são assintomáticas. Os exames especializados são insuficientes para firmar um diagnóstico preciso. Grande parte dos enfermos abraça a medicina alternativa, em busca de solução para seus problemas.

Exemplo: 40% da depressão se cura com remédios, 40% com psicoterapia. Restam 20%, as de causas espirituais, que ficam sem cobertura adequada. Estas podem ter um grande auxílio com o tratamento apométrico, principalmente com a desobsessão.

2. Insuficientes resultados em atendimentos nos Centros Espíritas. O que está ocorrendo no momento é um despreparo para lidar com as obsessões e principalmente com a proteção a seus médiuns.

Sabemos que num atendimento mediúnico é necessária uma limpeza profunda antes e depois de realizá-lo, para que resíduos fluídicos não prejudiquem os médiuns. Vemos médiuns doentes, perturbados, alguns tomando psicofármacos, outros desgostosos, outros desistindo, ou o pior, enveredando para religiões evangélicas, em busca de alívio.

Além do estudo, de auxílio aos necessitados, é necessário que os dirigentes dêem assistência espiritual a seus colaboradores. Uma reunião mensal de estudos da mente, com pensamentos positivos, de boa vontade, e de harmonização coletiva.

Percebemos baixa estima, dificuldades econômicas, saúde debilitada e pouco relacionamento da equipe, no geral. Evidentemente há muitos centros que são referências na educação e saúde de seus freqüentadores.

3. Conduta restritiva e não satisfatória com os pacientes psiquiátricos nos sanatórios espíritas.

A maioria dos Hospitais Espíritas só tem o rótulo de espírita. Os médicos tratam os doentes, geralmente do SUS, pela psiquiatria clássica, e nada diferem de um hospital leigo.

É necessário incentivar psiquiatras espíritas a assumir sua direção e, além do tratamento clássico, complementar com o tratamento espírita.

Enfermidades psíquicas são tratadas com êxito pela Apometria.

4. Redução do tempo de tratamento, com a Apometria, acompanhado de resultados significativos.

Exemplo: Paciente A. B., 34 anos, empresário, com síndrome do pânico e fobia por navalha, tratando-se há 7 anos em Porto Alegre por renomada psiquiatra. Sem perspectivas de melhora, procura ajuda no CCEJR.

O atendimento apométrico restabeleceu seu equilíbrio. O paciente apresentou significativa melhora do quadro de pânico, estando agora curado e em franco otimismo.

Devido ao equilíbrio energético, alinhamento dos chacras, a captura de todos os espíritos envolvidos no quadro, despolarizamos sua mente, favorecendo seu curador interno a restituir-lhe a saúde.

Orientado sobre como manter-se bem, continua com seus estudos no Centro.

Vantagens da aplicação da apometria para os sensitivos:

1. Plena lucidez na experiência extracorpórea.
2. Facilidade de deslocamento na dimensão astral.
   a. Observações, exames e atendimentos à distância.
   b. Tarefas nos hospitais espirituais acompanhando os mentores e auxiliando os enfermos.
   c. Descrição detalhada das enfermidades pelo exame do perispírito dos pacientes.
3. Transpor as barreiras do espaço-tempo.

Pelas técnicas empregadas levamos o paciente ao futuro, ao passado, em encarnações comprometedoras, e também para regiões especiais no Egito e Atlântida, com fins terapêuticos.

4. Ampliação da capacidade perceptiva.

Além de facilitar o desenvolvimento mediúnico, também favorece as percepções espirituais, que levadas com disciplina e interesse, conseguem um grande adiantamento na capacidade de perceber, servir e orientar os doutrinadores no atendimento.

5. Identificação correta dos espíritos:

Se são encarnados, os médiuns vêem o cordão de prata; se mistificadores, sentem seu padrão vibratório e espiritual; se o caso requer novo atendimento, se há aparelhos parasitas etc...

6. Revitalização das energias dispendidas, nas fontes e locais pré-determinados.

Além da transfusão de energia dada aos médiuns pelo doutrinador, periodicamente, também, o Mundo Maior utiliza-se dos médiuns para restaurar energias. Toma-se cuidado para que a incorporação não seja prolongada, evita-se que os espíritos vampiros suguem suas energias.

Todo o médium deve sair mais disposto, alegre e descansado do que quando chegou no Centro.

Vantagens da aplicação da Apometria para os desencarnados:

1. Tratamento objetivo de suas enfermidades e sofrimentos.

Em 15 segundos, através da APOMETRIA, pode-se curar um desencarnado doente: queimado, paralítico, deformado etc...

Elevamos sua vibração, cortamos os laços hipnóticos, trazemos para a realidade espiritual e evolutiva. São encaminhados para o hospital do astral inúmeros desencarnados que estavam em faixa semelhante.

2. Projeções ao passado e ao futuro, quando sugeridas pelos mentores como medidas educativas e correcionais.

Levamos ao passado para verem a raiz de seus problemas e ódios. Trazemos espíritos que ficaram em bolsões do passado, ligados ao paciente. Levamos para o futuro para perceberem o que os aguarda.

3. Recolhimento em campos de força de falanges de obsessores retirados do Umbral.

Pela Apometria, além da velocidade do atendimento, recolhe-se com facilidade, por campos de forças especiais, os espíritos envolvidos.

Destrói-se as péssimas instalações onde viviam e restauramos as paisagens originais.

4. Despolarização da memória.

Em poucos minutos, por esta técnica, os obsessores esquecem, de imediato, a causa da vingança. Despolariza-se a ressonância vibratória do passado, ligada com os atos de seus algozes, propiciando uma rápida desvinculação do processo obsessivo.

Vantagens da aplicação da apometria para pacientes:

1. Diagnóstico correto dos distúrbios enfermiços, graças ao desdobramento.

2. Identificação dos obsessores e de aparelhos parasitas.

3. Identificação e anulação de campos negativos de goécia e de arquepadias.[1]

4. Cirurgias espirituais e outros procedimentos terapêuticos, tais como:

- Cromoterapia

1 Arquepadia: Magia negra (goécia) feita no passado encarnatório, que ainda continua atuando.

- Dialimetria
- Pneumiatria
- Reiki
- Realinhamento dos chacras
- Cortes de ligações com o Umbral, com ressonâncias do passado e com os encarnados.
- Despertar dos estados alterados de consciência.

5. Projeções ao passado visando à identificação de ressonâncias e aplicação da despolarização da memória.

Obstáculos ao desenvolvimento da apometria:

1. Desconhecimento de causa.

"Toda idéia nova encontra forçosamente oposição, e não há uma única que tenha se estabelecido sem lutas; ora, em semelhante caso, a resistência está sempre em razão da importância dos resultados previstos, porque quanto mais é grande, mais fere interesses. Se é notoriamente falsa, se julgada sem consequência, ninguém com ela se preocupa e deixam-na passar, sabendo que não tem vitalidade. Mas se é verdadeira, se repousa sobre uma base sólida, se se entrevê futuro para ela, um secreto pressentimento adverte seus antagonistas de que é um perigo para eles, e para a ordem das coisas em cuja manutenção estão interessados; por isso caem sobre ela e seus partidários.

A medida da importância e dos resultados de uma idéia nova se encontra, assim, na emoção que causa em seu aparecimento, na violência da oposição que levanta, e no grau e persistência da cólera dos seus adversários."

(*O Evangelho Segundo o Espiritismo,* 23:12)

Schopenhauer, filósofo alemão, afirmou que toda idéia nova é ridicularizada, perseguida e após um tempo, seguida.

2. Dúvidas.

Como a Apometria requer contagem, pulsos, uso de cromoterapia e das forças estelares, assombra e faz aflorar suspeitas de inconveniências, pois não está descrita na obra de Kardec.

3. Preconceitos.

Como na Apometria utilizamos o concurso de caboclos,

pretos velhos, energias da natureza, energias estelares, campos de força, abertura de passado e retirada de bolsões, isso assombra os acostumados ao ortodoxismo dos tratamentos tradicionais.

A Apometria, como toda a ciência, é neutra.

O importante é fazer bom uso deste conhecimento. E o bom uso é saber que a cobertura espiritual está presente quando nossa intenção é crística, e o nosso interesse é apenas servir a Jesus.

Posicionamentos adversos:

1. Não constar da codificação kardequiana.

Kardec teve pouco tempo para aprofundar-se na dinâmica da cura, pois sua missão era de trazer uma noção racional da realidade espiritual e que pudéssemos utilizar com moral e ética esse conhecimento.

Já nas obras complementares, como de André Luiz, e na vasta literatura esotérica e espiritual, encontramos idéias e técnicas terapêuticas apométricas.

2. Interferir no Karma.

A Lei do Amor permite-nos auxiliar nossos irmãos, sem interferir em seu livre-arbítrio. Tudo se encadeia no universo e na mesma medida com que medirmos, seremos medidos.

3. Trabalhar com o auxílio das falanges de outras linhas.

Para nós só há uma linha: a linha dos seres humanos. Somos todos irmãos. Todos podemos aprender e ensinar. Que mal há se o caso requer um irmão mais especializado num assunto e que, com sabedoria, resolve o caso?

Escolhemos um profissional pela sua competência.

4. Valer-se de técnicas próprias.

A doutrina espírita, em seu aspecto filosófico-religioso, é cósmica, e portanto, imutável. O amor e o perdão, as virtudes, a busca evolutiva, são intocáveis. O aspecto científico é mutável e aperfeiçoável.

O espírita deve procurar o concurso da informática, da astronomia, da física, da química, da biologia, da medicina, da psicologia etc., para melhor agir na energia e nos seres desarmonizados que necessitam de terapia.

Quanto mais atualizado, mais competente, mais eficaz, e mais respeito e ajuda pode oferecer.

Deus sempre protege quem faz o melhor.

5. Dedicar-se ao campo das curas.

É fundamental, pois adoecemos por ignorância.

A restauração da saúde, mesmo que transitória, é o tempo necessário para o doente recobrar o bom ânimo e a vontade de evoluir.

Perspectivas da Apometria:

1. Descortínio progressivo das enfermidades espirituais com a introdução de novas equações e novos conceitos.
2. Absorção definitiva, pelo campo científico, da doutrina dos espíritos.
3. Utilização prioritária como técnica diagnóstica e terapêutica nos hospitais espíritas.
4. Integração posterior aos currículos escolares das faculdades de medicina.

Casos atendidos no Centro Cultural Espírita Jardelino Ramos.

Caso 1:

Recém nascido, C. D., masc., dois meses, portador de midríase paralítica (pupilas dilatadas) sem reflexo à luz.

Em pesquisa pormenorizada nada é encontrado além do diagnóstico de suspeita de amaurose congênita de Leber.

Sua mãe procura atendimento espiritual.

Abertura das faixas do presente e passado. Apresenta-se o menino desdobrado incorporado em um médium e um espírito cego, intimamente acoplado ao menino, incorpora em outro.

Acreditamos que sua cegueira tenha fator relevante no caso. Não sabemos o momento do acoplamento, se antes, durante ou logo após ao nascimento. O espírito obsessor foi afastado. Uma falange de cegos foi atendida. Comparsas do passado.

O menino sofreu um processo de cura pela dialimetria, passes pela equipe Cosme e Damião, e acompanhamento com passes e água fluida, por tempo indeterminado.

A midríase paralítica permanece até o presente. Usa óculos escuros quando sai ao sol. Vê bem.

Caso 2:

Paciente de Curitiba, E. F., masculino, 16 anos, sofre um processo de encefalite viral, levando-o ao coma e duas paradas cardíacas. Tanto os médicos como os familiares se preocupam com a gravidade do caso. A pedido, por telefone, de seu tio, nosso amigo, reunimos a equipe em caráter emergencial.

Veio em corpo astral, incorporou, chorando que não queria morrer. Após acalmá-lo, oramos com fervor, pela misericórdia divina. Realizou-se a dialimetria com médicos do Hospital Cáritas, passes de limpeza pelos pretos velhos e caboclos, foram recolhido doentes, inimigos do passado, e rogamos proteção dos espíritos superiores. Recuperou-se.

Caso 3:

Acadêmico de medicina, G.H., 24 anos, masculino, sofre TCE. Em coma há uma semana e tendo em vista a deteriorização do quadro, sua família procura o Centro.

Trazido em corpo astral, apavorado com a morte iminente. Afastados os doentes, vampiros, parasitas, obsessores familiares.

Havia um trabalho de magia negra, endereçado ao pai, morador de um município da fronteira, que por refração caiu no jovem.

Após passes constantes, aplicação de Reiki diariamente no hospital, saiu do coma, tem alta e retorna aos seus estudos.

Caso 4:

Paciente da Santa Casa de Porto Alegre.

Descrito pela Dra. E. Z. R. S. oftalmologista.

"Nos meses de setembro e outubro de 1997 eu estava passando como doutoranda (estagiária do 6º ano de medicina) no setor de Medicina Interna da Santa Casa de Misericórdia de Porto Alegre.

Logo que iniciei o estágio, tive a oportunidade de ver o caso de um paciente, sexo masculino, em torno de 35 anos, que estava internado no hospital há mais de um mês para pesquisa de uma "lancinante" dor abdominal. O paciente "urrava" de dor, não conseguia dormir e estava sendo administrada morfina endovenosa constantemente, para alívio dos sintomas.

A investigação da origem da dor já estava em curso. O paciente realizou ecografia abdominal total, tomografia computadorizada com e sem contraste, ressonância magnética, punção lombar e uma série de culturas de secreções e exames de sangue diários, em busca de algo que pudesse explicar a dor forte que sentia.

Nenhum dos exames mostrou algo que pudesse justificar a dor. Todos normais. O paciente estava recebendo 3 tipos de antibióticos, o esquema RHZ para tuberculose, além de remédios sintomáticos e da morfina.

Foram solicitadas avaliações de outros especialistas, como infectologista e cirurgião geral.

Nos rounds diários sempre se discutia o caso, mas sempre terminávamos sem uma solução.

Foi aí que liguei para o meu pai, dei o nome do paciente, idade e o leito em que se encontrava para que realizassem o atendimento apométrico no Centro Cultural Espírita Jardelino Ramos.

Logo que foi feito o atendimento (eu não comentei com ninguém o meu pedido, nem com o paciente e nem com meus colegas do hospital), o paciente foi melhorando rapidamente. Até suas feições eram mais tranqüilas e alegres. Foram suspensas as medicações gradativamente e o paciente teve alta em uma semana. Estava feliz e sem dor alguma, conseguindo dormir à noite.

O diagnóstico presumido foi de tuberculose linfática e, já que foi feito o tratamento para isso, justificou a melhora.

Terapia espiritual:

Paciente desdobrado e incorporado em uma médium. Limpeza costumeira com energia crística, dialimetria, banhos especiais no Egito.

Foram concomitantemente tratados inúmeros doentes que estavam em sua faixa de sintonia e encaminhados para o

Hospital Cáritas.

O interessante foi o trabalho de magia negra em seu ventre — no campo astral — com a finalidade de levá-lo à morte.

Aprisionados os magos, os peritos no batuque foram trazidos para desfazerem o trabalho, sob a supervisão dos pretos velhos. Foi cortada a ligação com o cemitério e oramos para a misericórdia divina.

Não ficamos na expectativa de resultados. Apenas agimos com o nosso melhor e deixamos que os espíritos superiores decidam sobre o caso.

Como vemos, a Apometria produz "milagres".

Caso 5:

No ano de 1994 nosso zelador era sargento da Brigada Militar.

Ao enfrentar um marginal é atingido no abdômen por arma de fogo.

Operou-se algumas vezes em Caxias para corrigir o quadro que se agravava dia a dia.

Após um mês, em última tentativa, é transferido em ambulância para o Hospital Geral da Brigada Militar. Chega caquético, em coma, com infecção, e o caso já dado como perdido.

Em um dos nossos atendimentos abrimos a freqüência do sargento e o trouxemos em estado de debilidade geral.

De imediato foi realizada a limpeza, a energização especial, levado ao Egito, ao Hospital Cáritas e elevação vibracional.

Vieram espíritos degradados — talvez já aproveitando os miasmas cadavéricos do paciente.

Retirados os inimigos do presente e do passado, desfeitas as bases de comando trevoso, o deixamos no Hospital Cáritas.

Foi repetido 2 vezes por semana o atendimento à distância, e o quadro foi se desanuviando até a completa recuperação do paciente, que hoje trabalha no comando regional, com ótima saúde.

Caso 6:

Gestação em perigo.

Jovem gestante, no sexto mês e no meio de gestação, nos vê à porta do Hospital Medianeira de Caxias do Sul e vem em lágrimas em nossa direção, segurando um exame de ecografia e um drama urgente a resolver.

Devido a agravação constatada em repetidas ecografias, um drama e duas possibilidades: operar logo e o filho morrer ou esperar que ele morresse por anóxia e operar.

Eram 19:00 horas. Fomos ao centro na mesma noite e a atendemos às 20:30 horas, com equipe emergencial.

Desdobramos a mãe e a colocamos num médium e o nenê em outro. De imediato realizamos a limpeza com cromoterapia, banhos especiais no Egito, concurso da falange de Cosme e Damião e de pretos velhos. Foram limpos também seu lar e sua família.

Inconscientemente a mãe rejeitava o filho e esta onda negativa propiciava que, na brecha, entrassem espíritos inimigos do lar.

Elevados os padrões vibratórios da família, afastados os doentes e obsessores, dialimetria na mãe e no feto, o quadro se estabiliza nas ecografias posteriores, inclusive com leve melhora.

O obstetra entra com corticóide para maturar o pulmão e após duas a três semanas realiza-se o parto, com êxito.

O nenê sobrevive, sem seqüelas, apesar de 80% da placenta estar deteriorada, e hoje, após um ano, é um menino supersaudável, um lar feliz e uma alegria para a equipe com o dever cumprido. Mais um milagre de Deus.

Caso 7:

"Um milagre" descrito pelo próprio paciente (médico).

"Sou I., 36 anos, masculino, médico.

Há mais ou menos 1 ano e meio comecei a ter sintomas gripais como dores musculares, cansaço, febrícula e suores noturnos.

Procurei a ajuda de um clínico geral muito bem conceituado na cidade, que começou a investigar para o lado de uma doença degenerativa do sistema nervoso muscular e também doença reumática. Fiz inúmeros exames que resultaram normais. Fiz também uma ecografia do abdômen com doppler que mostrou que havia uma trombose na veia espleno-porta que vai ao fígado. Os sintomas continuavam e então eu fiquei muito angustiado e quase não conseguia mais trabalhar e também dormir bem. Comecei a ficar deprimido, pois além de algumas medicações mais simples, tive que começar a tomar "Marcoumar" que é um anticoagulante . Uma colega amiga se preocupou com meu estado mental e físico alterados, aconselhou-me a procurar o Centro Cultural Espírita Jardelino Ramos, onde fui conversar com o Dr. Dorival Ventura Ramos e para quem relatei minha história de sofrimento dos últimos meses.

Então ele marcou uma data para tratamento que foi numa noite com sessão no "Centro Espírita Jardelino Ramos" e também atividade de orações e pensamentos e atitudes positivas em casa em determinada hora e dia da semana. (Pedimos aos pacientes repousarem e orarem mais duas quartas-feiras para consolidarem o atendimento).

Após algum tempo também fui consultar com um médico em Porto Alegre, que fez vários exames inclusive uma ecografia com doppler. Eu já estava me sentindo um pouco melhor. Quando após duas semanas voltei a Porto Alegre para reconsulta, todos os exames, inclusive a ecografia, foram normais, isto é, não havia mais sinal de trombose da veia porta.

Isto me animou muito porque a partir deste momento eu parei de tomar anticoagulante e os sintomas do início já haviam praticamente desaparecido.

Sinto-me bem e acho que o tratamento que recebi no Centro Espírita me ajudou muito. Estou muito grato pela atenção e carinho que recebi lá."

Caxias do Sul, maio de 2003.

Paciente com trabalho de magia negra.

Desdobrado pela Apometria, incorpora num médium onde é submetido ao processo normal em uso, de harmonização energética, limpeza dos chacras, dialimetria, encaminhamento a regiões curativas do astral, ao Egito, e após permanece no Hospital Cáritas à noite.

Os espíritos doentes foram curados e conduzidos ao hospital.

Quanto à magia, foi mandado fazer, por uma encarnada, um trabalho de morte, no cemitério.

Levantados pelos pretos velhos e caboclos todos os malefícios, dissolvendo todos os núcleos de energia de baixa vibração, contidos os magos e peritos neste tipo de trabalho, agimos diretamente na causa do problema e o resultado foi gratificante para todos.

Agradeça a Deus pela misericórdia e faça por merecer, foi nossa recomendação final.

Caso 8:

Um colega de equipe, prof. de ginecologia do Hospital Geral, traz um caso quase terminal.

Jovem mãe de 35 anos baixa com tumoração maligna de endométrio.

Após tratamento médico-cirúrgico, foi indicada quimioterapia como tratamento complementar. O quadro evolui para anemia aplástica e devido a ausência de tratamento e à irreversibilidade do caso, a colocam em um quarto, apenas com tratamento sintomático, esperando o êxito letal.

Atendemos mais para facilitar o desencarne e rogar o concurso do Hospital Cáritas (no Astral).

Foi trazida em corpo astral com péssima saúde física, psíquica, emocional, já com discurso de conformação com a fatalidade.

De imediato, realiza-se a limpeza com cromoterapia astral, rosa-esbranquiçado para a cura e azul e branco para harmonização.

Elevamos seu poder vibratório com contagem progressiva e pulsoterapia. Após, encaminhamos para o Egito, para banhos especiais e reequilíbrio dos chacras, trazendo-a e encaminhando para o Hospital Cáritas. Atendemos inúmeros doentes, parasitas, vampiros e cortamos trabalhos de Magia Negra.

O interessante é que na limpeza, trouxeram, além dos sintonizados com a paciente, inúmeros espíritos doentes do Hospital Geral, que também foram curados e encaminhados para colônias no Astral.

Repetimos mais dois atendimentos em semanas posteriores.

A paciente foi se recuperando milagrosamente, para admiração da equipe de médicos e acadêmicos. Caso muito comentado.

Pouco tempo depois, recebe alta, curada. Até o presente.

Caso 9:

Dados de identificação: J. L., sexo feminino, 22 anos de idade, casada, natural de Sananduva – RS; residente em F. C. – RS. Auxiliar geral.

História Clínica da Paciente: (Clínica de Pronto Atendimento)

Consultas prévias por quadros de Sinusopatia e ITU de repetição.

1ª. Consulta clínica em 26/04/2001 — queixava-se de tontura, sudorese e quadro de desmaio com perda da consciência; epigastralgia intensa.

Avaliação Neurológica prévia com EEG apresentando Disritmia — fez uso de Hidantal. História familiar de crise convulsiva.

Os seus sintomas, de desmaio, iniciaram após o falecimento do pai, em um acidente de automóvel há seis anos.

Conduta: Medicada; Av. Neurológica e exames laboratoriais.

30/04/2001: Exames laboratoriais normais.

07/06/2001: Avaliação Neurológica e EEG normais.

03/07/2001: Dispepsia; tratamento clínico (inibidor da bomba de próton).

27/09/2001: ITU; tratamento clínico (antibiótico).

16/10/2001: Sinusite; tratamento com antibiótico.

22/10/2001: Leucorréia; Avaliação ginecológica.

22/05/2002: Síncope, com sensação de "dormência" de membros inferiores antes do desmaio. Refere nervosismo intenso, resfriado há dez dias e epigastralgia. Pensa em cometer suicídio (atirando-se na frente de um caminhão, ou tomando veneno). Refere que **dezessete** familiares cometeram suicídio, entre primos e tios.

HD: depressão com risco de suicídio.

Obsessão.

Conduta: internação hospitalar.

Sugerido tratamento Homeopático.

Aproveitando a internação hospitalar e a gravidade da história familiar, o nome da paciente foi levado para a Mesa de Apometria na CCJR, para atendimento à distância.

Durante a sessão constatou-se a presença de várias entidades suicidas que afirmavam que não adiantava trabalho algum em benefício da paciente; porque ela seria levada de qualquer maneira. Tratava-se de uma prima, que também cometera suicídio e relatou que a paciente, havia cometido muitos "crimes" no passado e que agora deveria "pagar" por isso. As entidades foram atendidas, orientadas e afastadas da paciente. Havia entidades — "magos negros" — coordenando todos esses suicídios, e que também foram orientados, afastados e encaminhados. Ao mesmo tempo foi iniciado um trabalho de esclarecimento espiritual com a paciente, que era católica não praticante.

Durante a internação hospitalar, uma prima da paciente de 19 anos de idade chegou à emergência por ingestão de veneno de rato, foi a óbito dois dias depois; constituindo a 18ª. vítima de suicídio na mesma família.

Alta hospitalar em 27/05, iniciado medicamento Homeopático — ***Arsenicum album*** — e consultas semanais para psicoterapia.

29/05/2002: EDA-gastrite antral aguda tipo enantematosa de leve intensidade.

Voltou a trabalhar, refere que ainda pensa em suicídio, porém não tem coragem.

Conduta: mantido ***Arsenicum album.***

05/06/2002: melhorou da sinusite, permanece com epigastralgia, cansaço, e quando nervosa tem a sensação que "sobe um fogo pela boca". Tudo a incomoda. Sempre foi chorona, basta lhe levantarem a voz, chora. Peso na cabeça, pensamentos distantes. Pensou em tomar veneno, acabou desistindo. Sensação de "tremer a carne" e mãos com tontura.

Conduta: mantido Arsenicum album.

Novo atendimento de Apometria: entidade suicida presente devido ao padrão vibratório da paciente que permanecia com pensamentos negativos, achando que o suicídio seria a solução dos seus problemas. Entidade foi orientada e afastada.

Reforçado o esclarecimento da espiritualidade para a paciente a qual concordou em realizar leituras relacionadas a esta área. Fez a leitura do livro "Nosso Lar" — relendo-o algumas vezes.

O marido e a sogra, que mora junto com eles, são evangélicos e não acreditam nestes assuntos de espiritualidade. Porém a paciente recebe bem estas orientações.

11/06/2002: Está um pouco melhor, mais calma. Refere dificuldade para dormir a noite, que iniciou após escutar vozes que a chamam pelo nome. Está com dor de garganta e melhorou da epigastralgia. Permanece com "peso" na cabeça. Anda muito esquecida. Desejo de ficar sozinha — isolada do mundo. Não pensou em suicídio nesta semana. Acha que é uma pessoa muito fraca e que qualquer coisa a derruba. Nunca soube se defender — sentimento de menos-valia; diz: "se me mandarem catar coquinho no meio do asfalto, eu vou!". Refere tontura com sensação que vai cair para trás.

Conduta: trocado medicamento homeopático para Pulsatilla.

Seu nome permanece na mesa apométrica, para atendimento à distância por quatro semanas.

18/06/2002: não consegue dormir à noite, tem vontade de levantar e dar socos na parede. Cefaléia hemicraniana esquerda, e peso na cabeça. Permanece chorando bastante. Melhorou da epigastralgia, da vertigem e não escutou mais vozes à noite. Não pensou mais em suicídio: "não adianta morrer, não vai resolver os meus problemas".

Se pudesse mudar algo, o que seria? "Gostaria de se defender mais e ser menos burra; pensa mais nos outros e pouco nela. Quer ter mais força de vontade para viver". Refere saudades do pai. Sempre foi muito preocupada com ele.

Conduta: Mantido *Pulsatilla.*

25/06/2002: Bastante estressada, com raiva de tudo e vontade de quebrar tudo o que vê pela frente. Chora bastante. Marido refere que ela é bastante explosiva, se magoa fácil e quando triste não conversa com ninguém. Fala seguido em morrer.

Conduta: doses únicas semanais de *Pulsatilla* para aumentar a potência do medicamento.

02/07/2002: Passou bem a semana. Demora a pegar no sono. Aliviou peso na cabeça. Anda esquecida. Quase não chorou esta semana. Acha que está um pouco mais calma.

Conduta: Mantido *Pulsatilla.*

09/07/2002: passou bem; está dormindo melhor. Permanece com peso na cabeça. Esquece onde coloca as coisas e está mais nervosa. Hoje chorou o dia todo. Quando nervosa ainda tem vontade de quebrar tudo.

Não teve mais desmaios; o primeiro ocorreu no enterro do pai. Refere saudades dele, pensa nele quase que diariamente (faleceu há seis anos).

Refere que só olha o lado ruim das coisas; teve pensamentos de morte na semana passada. Não chorou mais.

Conduta: modificado medicamento para *Natrum muriaticum* em dose única semanal; reavaliar em 15 dias.

31/07/2002: "Estou 200% melhor, ótima". Não chorou mais, está calma; diminui a quantidade de cigarros. Bom apetite. Conseguiu conversar com a sogra e pediu que ela se mudasse. Tem pensado menos no pai. Está tentando se ajudar.

Conduta: Mantido *Natrum muriaticum*.

13/08/2002: Está muito bem. Cefaléia à tarde. Corrimento vaginal.

Conduta: Mantido *Natrum muriaticum*.

04/09/2002 e 07/01/2003 – teve quadro de sinusite e otite externa que melhoraram com medicamento homeopático.

Conduta: Mantido Natrum muriaticum aumentando-se a potência mensalmente.

23/04/2003: Está grávida de 13 semanas – gestação planejada. Depoimento da paciente um ano após início do tratamento Homeopático e Atendimento Apométrico à distância: "Ainda sou um pouco nervosa; mas estou bem – a mil por hora – graças a Deus não choro mais e não penso mais em suicídio. Durmo bem; melhorou a memória" Não permite mais que "pisem nela". Hoje ao invés de chorar, consegue manifestar o que está sentindo. Até chamou seu chefe para conversar e reivindicar melhor salário. Em relação ao pai, tem boas lembranças e não chora mais. Nunca mais teve epigastralgia".

Conduta: mantido medicamento homeopático.

Compreensão do caso e análise da inter-relação do tratamento Homeopático-Apométrico:

"Trata-se de uma paciente jovem, com sério transtorno comportamental e ideação suicida. Os problemas iniciaram logo após a morte do pai em um acidente de automóvel. Era muito ligada e dependente de seus conselhos. Não se conformando com a morte do pai, pensava nele quase que diariamente e pedia que ele viesse buscá-la. Apresentava um sentimento de menos-valia importante, sendo uma pessoa submissa e facilmente manipulável, o que a tornava amplamente suscetível a um processo obsessivo, o qual foi instaurado, quase alcançando o seu objetivo — levá-la a cometer o suicídio".

"A Homeopatia tem como princípio básico à cura através dos semelhantes. Quanto mais conseguimos individualizar o paciente e buscar nele o que é raro, estranho e peculiar, maiores são as chances de acertar o medicamento. A ação do medicamento altamente dinamizado é extremamente profunda e atua a nível energético (corpo astral) sendo capaz de mobilizar a sua "energia vital" e restabelecer a ordem no corpo doente, tendo repercussões a nível físico e emocional. Porém, por si só ela não é capaz de interferir em forças externas, como é o caso da obsessão. Neste sentido, foi de fundamental importância, para o sucesso terapêutico deste caso, a associação estabelecida — Homeopatia–Apometria. A Apometria afastou o fator desencadeante da depressão e dos pensamentos suicidas, e a Homeopatia reorganizou as forças vitais da paciente, interferindo positivamente no seu comportamento".

Uma opinião pessoal: "Não posso comprovar, cientificamente, se foi a Homeopatia, a Apometria ou ainda a associação destas que restabeleceram a saúde e o equilíbrio mental desta jovem paciente. Porém, não se trata de atribuir méritos a estes ou àqueles, e sim, o que verdadeiramente interessa é que a saúde da paciente foi restabelecida de forma segura, comprovando que o trabalho espiritual é de fundamental importância para sucesso terapêutico. Infelizmente a classe médica ainda não despertou para a verdadeira arte de curar os seus pacientes, o que exige uma visão ampla e uma compreensão que extrapola nossos limitados campos de percepção; caso contrário continuaremos a prescrever, simplesmente, paliativos, nos afastando cada vez mais da essência do Ser, que é puramente Espiritual" — Gustavo Santi - Médico homeopata.

Caso 10:

M . N., 14 anos, feminino, filha de médica.

Há um mês, a mãe acordou com ela engasgando-se, achou que estava tendo um pesadelo.

Nasceu com cardiopatia, controlada. Check up uma semana anterior. Tudo ok.

Entrou em parada cardíaca e levaram rapidamente para o hospital. Equipe multidisciplinar tentou a reanimação por 30 minutos. Voltaram sinais vitais, mas não saiu do coma.

Permaneceu três dias sedada para não dispender energia, para que o cérebro se recuperasse.

Tomografia: função cerebral presente, mas com edema cerebral difuso grave. Midríase paralítica. Não respondia a estímulos, quase morte cerebral. Estava no respiradouro.

Fez S.A.R.A. (Síndrome Resp. Adulto) e septicemia, coma profundo e prognóstico desfavorável.

Foi solicitada ajuda ao setor de Apometria do Centro Cultural Espírita Jardelino Ramos, e na noite de quarta-feira houve o atendimento.

Veio em corpo astral, debilitada, mas tranqüila, já quase desligada.

Em seguida, vieram legião de obsessores inimigos da mãe, que haviam capturado o corpo astral da filha, com a finalidade de atingir os pais.

Após a limpeza (Cosme e Damião), energização da doente, contenção e esclarecimentos necessários, desfeitos os campos de magia, e foi encaminhada ao Hospital Cáritas.

Uma semana depois vai para o quarto acordada e falando. Fizemos um segundo atendimento complementar, e na semana seguinte tem alta, aparentemente sem seqüelas. Só fraqueza muscular, que está melhorando a cada dia.

Dorival Ramos[2]

Trabalho apresentado no 6º Congresso Brasileiro de Apometria— Porto Alegre, RS

2 Dorival Ramos (Caxias do Sul, RS), médico, presidente do Centro Cultural Espírita Jardelino Ramos (Caxias do Sul, RS); foi o primeiro presidente da SBA — Sociedade Brasileira de Apometria.

Augusto Rogger
Garcia Moreira
Casa do Jardim
Porto Alegre, RS

Apometria: novos horizontes do homem-espírito

AQUÁRIO
Pois a Misericórdia tem um coração humano,
A Piedade, um rosto humano,
E o Amor, uma divina forma humana,
E a paz, uma vestimenta humana.
Blake, *Songs of Innoccence.*

O Homem sempre foi livre pensador;

O que sou? Quem sou? Para onde vou? A morte é a igualdade do nada?

Impulsionado inexoravelmente à busca de respostas, o Homem evoluiu. No entanto, pregou no madeiro da cruz o meigo Jesus de Nazaré, assassinou Gandhi, Luther King e recentemente, Sérgio Vieira de Mello.

Poderíamos citar dezenas, centenas, talvez milhares destes exemplos.

Não nos faltam também exemplos de barbárie, crimes hediondos, guerras mil, cenas de extermínio e de violência sem fim.

Os modelos políticos e econômicos não foram suficientes para debelar o analfabetismo, a fome, a miséria e as diferenças sociais até o presente momento.

A corrupção se alastra e a Mãe Natureza vê-se agredida e explorada de forma insana.

Até quando, inspirados no ódio e no separatismo, perpetraremos estes crimes?

Até quando o poder do egoísmo prevalecerá? Já não teve a Humanidade suficientes indicativos para trilhar o caminho do Bem e da Paz?

O Homem atual é predominantemente intelectual. Não se conscientizou ainda de que o Amor é uma alternativa passível de ser inserida para se obter a paz.

No alvorecer do século XXI, chegamos ao signo da "Nova Era", e se proclamou ser Aquário a era do amor e da fraternidade:

A Ciência, que já nos permitiu chegar à Lua, procura avidamente meios seguros para que o homem goze de todo o bem-estar.

No que tange ao assunto saúde, que mais nos fala de perto, tateia ainda sobre as causas do adoecer humano; mas vislumbra-se, nos novos horizontes, matizes novos de cor viva.

Em 1978, o Dr. D. B. Bisht, o representante indiano na Diretoria Executiva da Assembléia Mundial de Saúde, propôs que a definição de saúde deveria ser ampliada para englobar, além do bem-estar físico, psíquico e social, o bem-estar espiritual.

Essa proposta gerou um grande interesse e na 36ª Assembléia Mundial de Saúde, ocorrida em 1983; alguns países propuseram uma resolução que levasse em consideração a dimensão espiritual na preparação e desenvolvimento de programas de cuidados em saúde.

A 37ª Assembléia Mundial de Saúde, na resolução EB73. R3 de 2000 conclui:

ENTENDENDO que dimensão espiritual envolve um fenômeno que não é de natureza material, mas pertence ao campo das idéias, crenças, valores e ética, que têm surgido nas mentes e consciência dos seres humanos, particularmente idéias enobrecedoras;

RECONHECE que a dimensão espiritual tem um papel importante no motivar a realização das pessoas, em todos os aspectos da vida e

CONVIDA os Países Membros a considerar incluída, em suas estratégias de saúde para todos, uma dimensão espiritual, como definida nesta resolução, de acordo com seus padrões sociais e culturais.

José Lacerda de Azevedo, o pai da Apometria, colocou, como subtítulo de seu primeiro livro, "Espírito Matéria: Novos Horizontes para a Medicina".

Integrada está pois a Apometria nesses novos horizontes, desde o seu nascedouro.

Sendo ela de caráter universalista, até por força estatutária, integra-se também no espírito da era de Aquário, que é de fraternidade e amor.

A árvore se conhece pelos seus frutos. E a Apometria pelos seus frutos é reconhecidamente uma terapêutica espiritual eficiente.

Dr. José Lacerda de Azevedo e Dona Yolanda — Os pais da Apometria.

Nascido a 12 de junho de 1919, em Porto Alegre, Rio Grande do Sul, Dr. Lacerda era filho primogênito de Constantino Francisco de Azevedo e de Maria Evangelina Lacerda de Azevedo. Teve mais três irmãos.

Alfabetizado pela própria mãe, aos quatro anos teve que morar com sua avó — Vovó Yayá — para que pudesse freqüentar a escola.

Em companhia de Vovó Yayá, vivia sua filha, Arzelinda — a Dinda — professora, pessoa afável, de extrema sensibilidade, que tomou-se de amores pelo menino José.

Arzelinda era espírita e reunia regularmente em sua casa alguns estudiosos da Doutrina. Foi através dessa tia tão amada que José teve os primeiros contatos com as obras de Kardec.

Sempre muito estudioso e amigo das leituras, foi com grande sacrifício que concluiu seus estudos, pois com o falecimento do pai, José teve que se tornar arrimo da família.

Cursou o Instituto de Belas Artes — Curso de Artes Plásticas, História Natural, e em 1944 passou a cursar a Faculdade de Medicina da UFRGS, formando-se seis anos após, dedicando-se à Cirurgia e à Ginecologia.

Foi também professor de Desenho Industrial e de Ciências Físicas e Biológicas no SENAI, onde permaneceu até 1953.

Em 24 de maio de 1947, casou-se com Yolanda da Cunha Lacerda, uma prima, natural de Cachoeira do Sul, que ele só veio a conhecer quando ambos já eram adultos.

Lacerda era um humanista, inteligência brilhante, cientista nato, observador arguto, detentor de uma cultura enciclopédica, e possuía um enorme acervo de livros que enchiam quase todas as paredes de sua casa, com prateleiras do chão até o teto — obras com assuntos dos mais diversos matizes.

Era também artista, cultor da pintura a óleo, tendo criado diversos quadros, inclusive um auto-retrato, quando jovem. Suas obras, em uma ocasião, foram expostas à visitação pública, em um salão da Casa do Jardim. Franco e direto, mas sobretudo, um caráter íntegro e de uma conduta moral ilibada.

A este homem incomum coube o desafio de fundamentar cientificamente a Apometria e ele cumpriu a tarefa com raro brilhantismo.

Um fato revelado por Dona Yolanda esclarece-nos sobre a interação entre cientistas do mundo espiritual e o Dr. Lacerda, para a elaboração da Apometria.

Contou-nos Dona Yolanda que, no início da década de 70, numa determinada noite, viu-se levada, juntamente com o Dr. Lacerda, até um grande edifício numa colônia do mundo espiritual. São suas palavras:

"Ao chegarmos ao local, fomos recebidos por um casal amável, ele circunspecto, ela mais sorridente. Fui informada de que a senhora me faria companhia num passeio sobre os parques da Colônia. Percebi, então, ao abrirem uma porta de sala contígua ao saguão de entrada, que uma de suas paredes era coberta por uma enorme lousa verde, cheia de equações físico-matemáticas. O Lacerda e o anfitrião adentraram na sala e eu fui levada até uma plataforma, onde havia um veículo oval sem rodas, no qual sentamos, e conduzidas por jovem piloto, decolamos em visita às cercanias. O local era maravilhoso! Voamos sobre um vale coberto de árvores verdíssimas e de flores multicores de rara beleza. À esquerda percebo uma montanha, em cuja encosta localizavam-se muitas casas em estilo suíço. Perguntei à acompanhante do que se tratava e ela informou-me que lá era o bairro onde residiam os cientistas". Concluído o passeio, Dona Yolanda dirigiu-se ao saguão, onde encontrou o Dr. Lacerda acompanhado do senhor que os recebera. Viu, então, que o mesmo entregou ao Dr. Lacerda um livro ou grosso caderno de capa verde-escura e disse-lhe: 'Aqui tens todas as informações de que necessitas para realizar a tua tarefa'".

Despediram-se, e a seguir Dona Yolanda, sentindo-se acordada, chamou o Dr. Lacerda, que dormia profundamente, e disse-lhe não se recordar do que ela contava.

Até esta data, embora já tivesse sido revelado ao Dr. Lacerda que ele deveria escrever um livro sobre o trabalho em desenvolvimento, ele não havia escrito nada sobre Apometria. Um pequeno opúsculo, escrito pelo Dr. Luís J. Rodrigues (de quem a seguir falaremos), descrevia a técnica de desdobramento, por ele denominada de Hipnometria, sem fundamentá-la cientificamente.

Aliás, Dr. Lacerda não adotou o nome de Hipnometria por considerá-lo impróprio, pois dava conotação de sono ou hipnose. A técnica de desdobramento se revelou aplicável em qualquer criatura, não importando idade, saúde, estado mental nem resistência que pudesse oferecer, uma vez que a energia vem de fora, não dependendo da vontade da pessoa. Fácil de aplicar, com resultados positivos em todos, mesmo em crianças, velhos, esquizofrênicos, inatingíveis pelo hipnotismo É uma técnica que tem inquestionável eficiência e não é mediunismo (Lacerda, ***Espírito-Matéria***, p. 82).

A partir do encontro no mundo astral acima descrito, o Dr. Lacerda passou a se preocupar em formular uma explicação científica para a Apometria, e cumpriu a tarefa com excepcional eficiência. Sua esposa, Dona Yolanda, era médium de extrema sensibilidade, dotada de admirável coração, companheira de todas as horas, uma espécie de anjo da guarda no campo físico, colocada ao seu lado para auxiliá-lo no exercício da Apometria.

Deste homem e desta mulher, ambos com sólida formação evangélica, conhecedores a fundo da Doutrina dos Espíritos, estudiosos dos problemas da alma humana, exemplos de dignidade, sempre preocupados em amenizar a dor e o sofrimento alheios, não poderia surgir uma obra que não fosse fundamentada no Amor e na Caridade, bases sólidas da Apometria.

Vale esta orientação para todos os atuais e futuros trabalhadores em Apometria: **a técnica só é exitosa quando embasada no Amor.**

"O conhecimento científico ou religioso, sem amor ou

espírito humanístico, é mero intelectualismo e muita vez, por estimular o orgulho e a vaidade, afastam o homem de Deus." (Dr. Lacerda).

Casa do Jardim: célula-mater da Apometria

A Casa do Jardim é o berço onde a Apometria nasceu, cresceu, se fortaleceu e tomou forma definida.

Em Porto Alegre existe o Hospital Espírita, um prédio de seis andares, localizado no bairro Teresópolis, zona sul da capital. É um prédio imponente, junto ao flanco de um morro, cheio de árvores nativas, sendo, portanto, um lugar privilegiado e belíssimo.

Inserida no meio da vegetação exuberante, há uma casa de alvenaria, núcleo de uma clareira, rodeada de flores das mais diversas espécies.

Um recanto aprazível e muito bonito. Era a Casa do Jardim, assim denominada pela sua localização. Sua finalidade inicial era abrigar funcionários do próprio Hospital, que estavam de plantão, mas a prática mostrou muitos inconvenientes, sendo desativada, e por algum tempo ela ficou vazia..

Em 1965, era Presidente do Hospital o sr. **Conrado Riegel Ferrari** e Vice-Presidente o sr. **Amado Venâncio**, homens de grande cultura e vivências espiritualistas, na verdade, espíritas, com largas folhas de serviços prestados à Doutrina de Kardec.

Por essa época, o Presidente convidou o Dr. Lacerda e sua esposa Dona Yolanda, junto com outros sensitivos, para realizar trabalhos mediúnicos de atendimento socorrista na Casa do Jardim.

Trabalhava com eles o Dr. Alfredo Geraldo Shermann, renomado oftalmologista, fundador do Hospital Banco de Olhos de Porto Alegre, até hoje considerado um dos melhores serviços de Oftalmologia do país.

Não se conhece as relações prévias do sr. Conrado Ferrari com o **Dr. Luiz J. Rodrigues**, farmacêutico-bioquímico, nascido em Porto Rico e residente no Rio de Janeiro. E que, em 1963, apresentou no 6º Congresso Espírita Pan-Americano, realizado em Buenos Aires, uma tese denominada **Hipnometria**.

Na época a que nos referimos, o Dr. Luiz Rodrigues precisou submeter-se a uma pequena cirurgia nos olhos e veio a Porto Alegre. Sua cirurgia foi efetuada com êxito pelo Dr. Shermann, em regime ambulatorial.

Logo após a cirurgia, o Dr. Rodrigues relatou ao Sr. Ferrari suas experiências com a Hipnometria, como sendo uma nova técnica de diagnóstico e tratamento espiritual, de diversas enfermidades psicossomáticas, mediante o desdobramento do paciente a hospitais do mundo espiritual. O Dr. Rodrigues fazia questão de afirmar que não se tratava de mediunismo e que o desdobramento era anímico. Informou ainda que ele não era espírita e que pretendia divulgar sua técnica para o meio médico — no que não obteve qualquer sucesso.

O Sr. Ferrari percebeu a importância do que ouvia, e acordou com o Dr. Rodrigues uma demonstração e experiência, para a qual convidou diversos médiuns e espíritas eminentes da época.

Procedida a sessão, a qual foi dirigida pelo Dr. Rodrigues, este não impressionou aos assistentes, com exceção do Sr. Ferrari e do Dr. Lacerda que, certamente, já comprometidos com o mundo espiritual, antes de reencarnarem, ficaram motivados para novas experiências.

O Dr. Lacerda ficou de tal modo impressionado que, ao chegar em casa, segundo palavras de Dona Yolanda, falou, transbordante de entusiasmo:

— Yolanda, percebi, percebi algo fantástico!

— Percebeu o que, homem?

— Percebi uma técnica surpreendente. Deita aí nesse sofá e prepara-te para fazer uma viagem, desdobrada no mundo astral.

— Que é isso, Lacerda? Que loucura é esta?

— Não perguntes mais nada, Yolanda, confia e verás!

Dona Yolanda, mesmo relutante, acedeu, e de imediato, o Dr. Lacerda preparou o ambiente com uma prece e procedeu à contagem de desdobramento. Apesar da alta sensibilidade mediúnica e de muita prática, Dona Yolanda não tinha ainda experiência com desdobramento induzido. Ao final da contagem, percebeu que estava no mundo espiritual.

"Viu-se à frente de um grande edifício branco, em meio a um belo jardim. Era a Casa do Jardim do astral, toda cercada por uma grade metálica branca, muito alta. Aproximou-se de um portão, o qual abriu-se permitindo-lhe o acesso. Passeavam pelos jardins diversas pessoas, mas não reconheceu ninguém. Subiu uma grande escadaria branca e no patamar superior viu uma estupenda estátua de Jesus, curvado, socorrendo a um enfermo, o que a emocionou. Logo após, sentiu-se compelida, por força estranha, a voltar para o corpo físico."

Acoplada, sentiu-se maravilhosamente bem.

Após as primeiras experiências, o Sr. Ferrari convidou o Dr. Lacerda e Dona Yolanda para fazerem um atendimento a uma senhora de seu círculo de amizades. Dona Yolanda ficou muito preocupada, pois tratava-se de um caso delicado. Um tanto relutante, acedeu.

A sessão ocorreu na Casa do Jardim, com a presença do Sr. Ferrari, da consulente com seu esposo e mãe, Dona Yolanda como médium e Dr. Lacerda como dirigente.

"Procedida a contagem, Dona Yolanda viu-se transportada ao Hospital Amor e Caridade, no astral, onde foi recebida pelo médico **Dr. Lourenço**, que lhe disse serem velhos conhecidos. Passou a uma sala, onde esperavam alguns auxiliares, não identificados. A consulente também foi desdobrada e levada ao mesmo local, onde recebeu atenção da equipe em serviço."

Após o atendimento, Dr. Lourenço disse, através de Dona Yolanda, que tinha uma surpresa para a consulente: que ela iria ter uma filha em breve. Tal fato confirmou-se meses mais tarde, o que encheu de alegria aquela família que ainda não tinha filhos, pela impossibilidade, até então, de engravidar.

Com este atendimento, iniciava-se a prática apométrica em Porto Alegre.

Esclarecemos que o Dr. Lourenço é o Diretor Espiritual da Casa do Jardim e do Hospital Amor e Caridade, situado na astral, acima da Serra do Mar.

O Sr. Ferrari, percebendo o alcance da nova técnica, investiu moral e financeiramente para a sua concretização e desenvolvimento. A falta de apoio da maioria dos participantes da sessão original, dirigida pelo Sr. Rodrigues, não o desestimulou. A incompreensão e críticas de seus confrades não o afastaram do propósito de estimular a nova técnica, e manteve o seu apoio irrestrito até o seu desencarne em 1972. Deve-se salientar que o Sr. Ferrari não esteve só em sua tarefa. O Sr. João Amado Venâncio, então vice-presidente e posteriormente presidente do Hospital Espírita, seguiu-lhe os passos. Esta é a razão do agradecimento expresso pelo Dr. Lacerda no seu primeiro livro.

O Dr. Lacerda, pessoa de mente aberta, espírito liberal, conhecedor de outras doutrinas e religiões, tinha uma filha que era médium ativa da Umbanda, que incorporava uma preta velha (Vovó Joaquina). Privava com a maior naturalidade com personalidades exponenciais, tanto do Espiritismo (**Divaldo Pereira Franco**) como da Umbanda (**Moab Caldas**). Tivemos oportunidade de trabalhar junto com o **Dr. Edson Queiróz (Dr. Fritz**)

Era usual na Casa do Jardim entoarmos pontos de Umbanda, que funcionam como mantras, durante os trabalhos, e ao término dos mesmos, fazermos a "limpeza" e o reequilíbrio energético dos trabalhadores e do ambiente com os caboclos e pretos velhos.

Alguém ligado à Federação Espírita do Rio Grande do Sul, não sabemos quem ou como, constatou que trabalhávamos freqüentemente com as energias de Umbanda. Comunicou à Federação, que pressionou o Presidente do Hospital Espírita, na época o Dr. José Jorge da Silva, amigo pessoal do dr. Lacerda, que convocou este para uma reunião com a Diretoria.

Na reunião, expuseram os motivos da convocação e após diálogos, ponderações e troca de idéias, com defesa de pontos de vista, propuseram ao Dr. Lacerda:

— Pára com os pretos velhos ou sai do recinto do Hospital.

Incontinenti, resoluto, respondeu Lacerda:

— Fico com os pretos velhos e saio.

Sem ter local próprio para os trabalhos, a Casa do Jardim iniciou uma jornada de peregrinação que durou de fevereiro de 1987 até agosto de 1996, data em que adquiriu o imóvel sito à rua Beck, 129 — bairro Menino Deus, em Porto Alegre, onde hoje está sediada.

Queremos externar, aqui, um preito de gratidão às sociedades espíritas "Nossa Casa" (bairro Glória) e "Ramiro D'Ávila" (Sopa do Pobre) — (bairro Menino Deus), e "Maria de Nazaré" (Casa de Umbanda — bairro Santana, dirigida por Dona Marina), que fraternalmente nos acolheram nesse período de nove anos itinerantes.

Todos os sábados, o Dr. Lacerda chegava à Casa do Jardim às seis horas da manhã e punha-se a desenvolver na lousa equações matemáticas e fórmulas de Física, relacionando-as com a Apometria. Ao chegarem os trabalhadores, às 7:30 horas, lá estava o Dr. Lacerda, entusiasmadíssimo. Usava da meia hora disponível, antes de dar início aos trabalhos, para discorrer sobre suas equações. Cremos que dos ouvintes, só o Cipriano Penter, engenheiro afeito ao estudo de matemática superior, acompanhava seu raciocínio; os demais entendiam pela prática.

Escreveu Lacerda em seu livro Espírito Matéria à p. 24:

> Por método entendemos o conjunto de regras estabelecidas para que um dado sujeito atinja o conhecimento de um dado objeto.
>
> Sob o ponto de vista do sujeito, há o método dedutivo (também chamado analítico ou divergente) que parte dos princípios gerais para deles extrair fatos particulares. (É o método por excelência da Filosofia e Matemática). Já o indutivo, sintético ou convergente, toma como ponto de partida o fato ou conjunto de fatos particulares para progressivamente, por comparação, chegar a leis ou princípios gerais.
>
> Quanto ao objeto, os métodos são específicos. E tantos quantos os objetos que investigam.
>
> Em nosso trabalho de mais de duas décadas, sempre que nos defrontamos com um fenômeno que se repete, procuramos observá-lo com atenção durante um certo tempo, a fim de dimensioná-lo em suas proporções, avaliando-lhe a duração, intensidade, constância, variações sutis, abrangência espacial, repetitividade etc. Uma vez levantados todos estes dados, tentamos encontrar a Lei que o determina, já que não há fenômeno sem Lei. Para tanto estabelecemos uma hipótese de trabalho: procuramos imaginar como se processa o

fenômeno, criando a fórmula que, embora arbitrária, mais se aproxime da realidade observada.

Passamos novamente a observar, agora com maior atenção, o desenrolar do fenômeno e a exatidão da Lei hipotética. Se o fenômeno se comportar em estrita concordância com a imaginada Lei, esta resultará comprovada. E legítima.

Armados do conhecimento da lei, repetimos o fenômeno tantas vezes quanto possível, para confirmar a exatidão da descoberta. Claude Bernard dizia: o fato sugere a idéia, a idéia dirige a experiência e a experiência controla a hipótese.

Estabelecida a lei maior, partimos para a observação de pequenas variações do fenômeno, de vez que as mínimas variações estão sujeitas também a leis menores que atuam junto à lei principal mas independentemente desta. Se todas as variações menores forem determinadas e suas causas conhecidas, o fenômeno está plenamente elucidado, com seu cortejo de leis. Formulamos, só então, a teoria geral do fato estudado.

Partimos, portanto, do fenômeno isolado, ou seja, do particular para o geral; do fato único para a lei geral que rege os fatos (ou fenômenos semelhantes). Nisso consiste o método clássico da ciência experimental — o indutivo — tão bem empregado pelos atuais pesquisadores e seus predecessores do século XIX.

Continua Lacerda á p. 26 da mesma obra:

> Com tais explanações introdutórias, é possível passarmos à abordagem da sistemática de trabalho que nos ensejou devassar os horizontes mais próximos ao nosso. Horizontes, aliás, sobremaneira importantes, pois de lá é influenciada a maioria dos seres humanos, embora sua ignorância quase absoluta quanto a questão de tal magnitude.
>
> Advertimos, desde logo, que será necessário aceitar premissas novas. Sem elas não há possibilidade de se compreender como tudo se processa. Não haverá perigo em acolhê-las: nenhuma delas constituirá dogma de fé, embora a aparência. São apenas elementos matemáticos que, dispostos com método, conduzirão a equações e resultados surpreendentes.
>
> Como primeira e imprescindível hipótese de trabalho será preciso admitir a realidade do mundo espiritual,

> a existência dos espíritos e a possibilidade de serem reais e, portanto, legítimos fenômenos — embora escapem aos nossos sentidos. Se comprovada esta realidade pela experimentação, chegaremos às Leis — essas pontes para o "desconhecido" ou "oculto".

Que se desarmem as mentes. Deixemos cair as barreiras dos preconceitos científicos ou religiosos e avancemos rumo a horizontes novos. Na viagem é possível que se compreendam melhor a razão e os objetivos deste livro.

Mesmo porque não há razões para preconceitos científicos, pois a Ciência não defende privilégios; a Ciência é neutra e aceita qualquer fato comprovado. Os preconceitos estagnantes são entraves cultivados pelos cientistas, que costumam falar em nome da Ciência ao defender seus posicionamentos.

Se eles fossem realmente cientistas, estariam investigando qualquer fenômeno físico ou metafísico, com igual isenção de ânimo."

Desta forma, nos esclarece Lacerda o caminho científico que ele percorreu, por longas décadas, para chegar às treze Leis da Apometria, inseridas em seu livro básico, publicada a 1ª edição em 1987.

Não deve ser coincidência que em maio de 1997, dez anos depois, vem a lume a primeira edição do mesmo texto em língua inglesa.

Cumpria-se assim o anunciado anos antes, pelos espíritos amigos de Lacerda e Yolanda.

Toda a vida do Dr. Lacerda foi voltada ao estudo, à pesquisa e à Caridade. Era usual ele recomendar aos trabalhadores: "Estudem André Luiz, estudem André Luiz! Aí vocês compreenderão o aspecto científico do Espiritismo e comprovarão que a mediunidade nada mais é do que Física e Eletromagnetismo."

De sua profissão fez um apostolado. Médico conceituado, hauriu do exercício da Medicina somente o necessário para o sustento de sua família. Viveu modestamente, sem aquisição de quaisquer bens financeiros e/ou imobiliários.

Trabalhou na Casa do Jardim até o último dia de vida. Na manhã do dia 29 de novembro de 1999 ainda com ele convivemos, e logo após o almoço, desencarnou, calmo e tranqüilo, tendo sua esposa presenciado a equipe de seus amigos espirituais transportá-lo sem maiores dificuldades para o plano astral.

APOMETRIA

O que é Apometria?

O termo "apometria" é composto das palavras gregas "apo", que significa "além de" e 'metron', medida.

Designa o desdobramento espiritual ou bilocação, bastante estudado por diversos autores clássicos.

O desdobramento se resume em essência na separação do corpo astral (ou mental) do corpo físico, induzido por energia mental emitida pelo Dirigente sobre os médiuns.

A Lei básica da Apometria, ou seja, sua Primeira Lei, é justamente a Lei do desdobramento, que Lacerda enunciou da seguinte forma:

> Toda vez que, em situação experimental ou normal, dermos uma ordem de comando a qualquer criatura, visando à separação de seu corpo espiritual — corpo astral — de seu corpo físico, e ao mesmo tempo, projetarmos sobre ela pulsos energéticos através de uma contagem lenta, dar-se-á o desdobramento completo dessa criatura, conservando ela sua consciência.

Trata-se de técnica anímica, e seu maior êxito está em sua aplicação em médiuns, para contato fácil e objetivo com o mundo espiritual.

Médiuns não afeitos ou ainda não devidamente treinados no campo da Apometria, em face de tão diversificada e eficaz atuação, correm o risco de, num deslumbramento, se inclinarem para um perigoso fascínio, outorgando-se um sentimento de onipotência, que poderá conduzir a sérios embaraços à harmonia do Grupo e ao destrambelhar de si próprios.

Disse Lacerda:

> Queremos deixar bem claro, de imediato, que a Apometria é uma técnica nova, algo novo, incipiente, e como tal, com grandes perspectivas de crescimento,

> sendo já uma terapêutica alternativa de comprovada eficiência, com resultados espetaculares até, mas não é uma panacéia, estando aberta a novas aquisições pelo estudo e pela pesquisa, até admitindo reformulações através da observação e da prática.
>
> Como tudo, ela é passível de evolver, ou seja, capaz de crescer e de se desenvolver cada vez mais, como o próprio Espiritismo e a Ciência.
>
> Só não é evolutivo o Evangelho. Sendo os ensinamentos de Cristo de origem divina, são, portanto, imutáveis e de significado cósmico, ainda não totalmente compreendido por nós, apesar de vinte séculos de caminhada até os nossos dias.
>
> A Apometria tem por finalidade abrir mentes e corações para as realidades espirituais (Dr. Lourenço – 1977).

Se o mundo físico já nos deixa deslumbrados à medida de nossos conhecimentos, o mundo espiritual, muito mais amplo e complexo e ainda por nós desconhecido, certamente nos reserva as maiores surpresas e um fantástico campo aberto à investigação.

E as realidades espirituais estão apenas começando para nós... É o levantar da ponta de um véu.

Se considerarmos também a perspectiva do nosso **mundo interior**, a nossa "anima" é outro mundo que a Apometria desvela, nos deixando às vezes admirados e em outras estarrecidos, afora o desmistificar o tão incompreendido e distorcido Animismo, que nos diz do nosso imenso potencial como seres humanos.

Fundamentada na Doutrina dos Espíritos e em parceria com a Umbanda, a Apometria vem cumprindo o seu papel de reavivar e robustecer o aspecto científico do Espiritismo. O intercâmbio com os espíritos se processa de forma consciente e ativa, realçando, como nunca fora feito, o magnífico potencial anímico do trabalhador e do consulente. De parceria com o Mundo Espiritual, disponibiliza o manancial energético condensado do mundo físico para o astral, propiciando atuações expressivas no resgate de espíritos sofredores, na reconstituição de membros dilacerados, no alívio das dores, no deslindar de obsessões complexas etc. e, principalmente, no orientar para novas perspectivas de vida.

Sobre os poderes das Trevas atua de forma efetiva, cerceando a liberdade dos que, consciente ou inconscientemente, persistem no desequilíbrio. Encaminhados para a reeducação, cumpre-se assim o desejo do Cristo de que "não se perderá nenhuma ovelha do seu rebanho".

Fiel ao "Espírito de Verdade", que preconiza "amai-vos e instrui-vos" convive com os irmãos de todos os matizes doutrinários e religiosos, convicta de que somos, antes de tudo, "buscadores da Verdade" e que ela se acha inserida aqui e ali, formando o mosaico maravilhoso do Conhecer humano. A todos respeitando, consciente de que na Fraternidade e no Amor as fronteiras se esboroam e de que não existe mais sentido para os rótulos e separatismos.

No despertar da Nova Era, irmanemo-nos efetivamente no universalismo do Cristo e percebamos conscientemente que todos nós temos uma face, uma mente e um coração e que buscamos através do Amor, na caminhada evolutiva, atingir a plenitude do Homem-Espírito.

Augusto Rogger Garcia Moreira[1]

1 Augusto Rogger Garcia Moreira (Porto alegre, RS), médico, ex-presidente da SBA – Sociedade Brasileira de Apometria, trabalhador da Casa do Jardim.

Maria Teodora Ribeiro Guimarães
Fraternidade do Grande Coração
Campinas — SP

Terapia de Vida Passada e Apometria

Existem semelhanças entre a TVP e a apometria – a identidade da visão reencarnacionista. Mas as diferenças de abordagem e expectativa de resultados impedem qualquer confusão ou mal-entendido.

Há mais de quarenta anos, quando médicos americanos e europeus trabalhavam com hipnose, depararam-se com seus clientes trazendo, durante as sessões, relatos de histórias para as quais não tinham cultura acadêmica para discorrer. Por exemplo, o pedreiro que falava da Revolução Francesa, ou o operário que relatava fatos da civilização romana durante o Império. Parecia-lhes que seus clientes tinham muita imaginação, mas com a recorrência dos acontecimentos começou-se a pensar que essas pessoas estariam de alguma forma acessando informações de situações verídicas de tempos passados. Começou-se a pensar na possibilidade de haver uma memória extracerebral que tivesse sendo, de alguma forma, mobilizada pela hipnose e trazendo então ao consciente arquivos da própria história da humanidade.

Com o passar do tempo percebeu-se que essas informações traziam alívio às dores do cliente, e mais que isto, pareciam se relacionar diretamente com a história daquele indivíduo em particular. Como se ele próprio – isto é, sua própria individualidade de hoje – tivesse, de alguma forma, tomado parte naqueles eventos. Cicatrizes, dores, fobias, pareciam se relacionar com acidentes e traumas acontecidos no passado, pois os relatos também traziam uma personalidade protagonista no meio de todas as outras da história.

Começou-se a pensar que um novo paradigma no entendimento do conceito de inconsciente poderia estar sendo produzido, onde a linha do tempo levaria este inconsciente a supostas vivências passadas do próprio indivíduo, estendendo então essa instância da personalidade e, por conseqüência, sua capacidade de interferência na dor atual, a tempos imemoriais.

Há mais ou menos trinta anos o uso alternativo da hipnose, como arma auxiliar no processo terapêutico, foi sistematizado como instrumento rotineiro de acesso às informações desse novo e formidável banco de dados, na forma de uma técnica de regressão de memória, então batizada Terapia de Vida Passada. Não houve na TVP um precursor ou sistematizador de conduta específico, como em outras linhas de terapia, pois o fenômeno aconteceu no mundo todo e médicos psiquiatras de diferentes lugares o experimentaram.

O Dr. Morris Nettherton, nos EUA, foi apenas a primeira pessoa a reconhecer que a história estava frente não apenas a uma nova teoria, mas a todo um novo processo terapêutico, onde também pela primeira vez o homem era visto pela ciência como um ser bio-psico-social-espiritual, nomeando então esse processo de Terapia de Vida Passada.

A esse novo inconsciente foi creditada a condição de memória extracerebral do ser humano. Aquela instância que guardaria as informações das experiências vivenciadas pelo indivíduo, de vida a vida, através dos tempos. Começava a ciência a curvar-se, mesmo que timidamente, à possibilidade da lei palingenética.

Como nunca houve conotações religiosas ou esotéricas que pudessem, digamos, interferir na credibilidade desses primeiros cientistas, outros vieram no seu rastro, desenvolvendo-se no mundo inteiro notáveis trabalhos de investigação do inconsciente, usando como alicerce a própria TVP, tendo como objetivo prioritário o processo terapêutico, isto é, o alívio da dor. Também no Brasil o trabalho se desenvolve há mais de vinte anos, em instituições como a SBTVP — Sociedade Brasileira de Terapia de Vida Passada, que pesquisa a TVP e forma médicos e psicólogos como psicoterapeutas, dentro de rigorosos critérios, em cursos de pós-graduação.

Nos experimentos que terapeutas de vida passada, que militam na SBTVP, tiveram com a Apometria, numa casa de caridade de umbanda esotérica, junto a outros trabalhadores, verificou-se que a experiência acumulada por eles nos sets terapêuticos em muito facilitava a compreensão dos problemas e da fenomenologia exibida, assim como da dinâmica de modificação dos painéis guardados do passado em ressonâncias de vidas passadas. Percebeu-se facilmente que se trabalhava, desde sempre, em TVP, com princípios semelhantes aos apométricos, inclusive os que dizem respeito ao conceito de "presenças", embora a forma de se lidar com elas fosse diferente.

Na TVP, ao contrário de todas as abordagens religiosas, quando uma "presença" é percebida no set terapêutico, via de regra isso se dá pelo próprio cliente desdobrado, pois o terapeuta não precisa ser um médium de qualquer tipo. O terapeuta é apenas um técnico bem treinado, um profissional da área da saúde. Excepcionalmente, a "presença" também pode se manifestar através do próprio cliente pela mecânica da incorporação ou, mais usualmente, pela irradiação. De qualquer forma, o enfoque não é dado, absolutamente, à evangelização da mesma. A proposta é terapêutica, e quem está em terapia é o cliente e não a "presença", e é ao cliente que será dada a atenção de fazê-lo entender o que está acontecendo para levá-lo, num segundo momento, a se desculpar com a "presença", que, obviamente, não está ali em função de amizade pretérita.

Infelizmente muitos pseudoterapeutas, nascidos e criados dentro de um pensamento equivocado de que basta ser espírita ou congênere para se tornar um psicoterapeuta de vida passada, apenas porque se partilha da mesma crença da reencarnação, acham que a proposta da TVP é apenas a de aliviar as dores, e não raramente, transformam o set terapêutico numa tenda de milagres, com resultados efêmeros. E assim o fazem porque não têm a mínima idéia do que seja a psicopatologia usada como base para essa terapia, mesmo que na TVP ela esteja enfocada no homem como um ser espiritual, com todas as suas decorrências. Esquecem ou desconhecem o que está por trás de cada doença emocional, que é o caráter pré-mórbido do indivíduo e que cada dor tem uma origem psicopatológica específica, que se não for identificada, denunciada e tratada, faz com que se tornem meros fazedores de regressão, que é o que no fundo são mesmo.

Modismos irresponsáveis impedem que esses pseudoterapeutas, muitas vezes excelentes médiuns ou grandes conhecedores da doutrina espírita, percebam que o cliente emocional merece o mesmo respeito de qualquer outro doente, mesmo porque médicos psiquiatras não sabem, por exemplo, fazer cirurgias cardíacas, assim como donas de casa ou funcionários públicos, ainda que bem-intencionados, não deveriam tentar entrar nos meandros de complicados problemas da psique humana. Parece existir uma expectativa ingênua ou prepotente, quem sabe, de que uma simples identificação de uma vivência qualquer do passado, seguida ou não de uma breve tentativa de evangelização, seja o suficiente para se curar alguém num processo terapêutico. Costumamos dizer aos nossos alunos que fazer regressão de memória é na verdade muito simples e que o grande problema é o porque fazer e **o que fazer com os conteúdos emergidos do inconsciente**.

Estamos, na SBTVP, cansados de receber clientes tratados ou maltratados dessa forma, confusos e ansiosos, até porque nem mesmo o conteúdo das vivências foi bem conduzido e direcionado de forma adequada; o que pensar então do entendimento do indivíduo diante de suas dores como homem universal e seus comprometimentos com outros e consigo mesmo. Também já se foi o tempo da abordagem de "presenças" que pululam pelos consultórios de desavisados serem conduzidas de forma pueril, na base do "Eu é que sei o que é melhor para você".

Voltando às comparações com a Apometria, percebeu-se também que o que mudava radicalmente era o ponto de vista do "médium-cliente", sobre o qual o trabalho está centrado, na TVP. Se na terapia de vida passada há o desdobramento do próprio cliente e é ele quem capta o que se chama, tecnicamente, de vivências do passado, usando-se para isso uma técnica verbal, e não raramente se associando durante o processo a contagem de pulsos magnéticos (aquilo que a hipnose mais tradicional chama de contagem indutora de hipnose), na apometria o desdobramento é feito pelos médiuns da casa de caridade, sendo estes a captar as chamadas ressonâncias do passado. Embora o consulente também possa ser desdobrado para finalidades específicas, ele não costuma acessar essas memórias.

Apresentamos na página seguinte uma tabela ampliada e revista da originalmente feita pelo Dr. Augusto Rogger Moreira, antigo presidente da Sociedade Brasileira de Apometria, a qual apresentamos no Congresso da SBA em 2003.

Sabe-se que a história da ciência, quando se trata da árdua tarefa de investigar e tratar a mente humana, se escreve pelo tempo, pois não há laboratório que possa mensurar a dor da forma como a compreendemos e muito menos o entendimento que causa seu alívio. Por isso, como sempre, espera-se que esse mesmo tempo empurre este tipo de terapia reencarnacionista, até mesmo pela inércia do movimento que cresce sem parar, de tantos pesquisadores, para uma condição, no futuro, onde muito mais psiquiatras possam pensar nesse novo paradigma do inconsciente atemporal como uma séria hipótese a ser, cada vez mais seriamente, considerada e usada nos processos psicoterapêuticos.

Como se pode perceber existem semelhanças entre a TVP e a Apometria: a semelhança natural da visão reencarnacionista. Mas as diferenças de abordagem e expectativa de resultados são tantas, que impedem qualquer confusão ou mal-entendido.

Ainda assim, temos discutido muito em nosso grupo apométrico e com companheiros de outras casas onde o pensamento universalista prepondera, sobre se o não revelar ao consulente da Apometria algumas facetas de eventuais ressonâncias é o mais adequado. Percebe-se muito evidentemente que os consulentes que já passaram por processos de TVP se beneficiam mais intensamente do trabalho de caridade religioso, qualquer que seja, como por exemplo o da Fraternidade do Grande Coração.

Beneficiam-se porque na TVP é dada ênfase importante ao entendimento e tratamento do temperamento da pessoa, o que, em última análise, é o que o liga, por exemplo, às vibrações

Propostas	Apometria	TVP	Observações
• É uma técnica anímica potencializada pelos benfeitores espirituais	sim	sim	Acreditamos, no entanto, que a Apometria poderia ser vista, exclusivamente, como um tratamento espiritual.
• O consulente tem que estar presente	sim	sim	Na Apometria é possível usar alguém para servir de intermediário.
• O consulente/cliente é desdobrado	sim	sim	
• O consulente/cliente fica consciente	sim	sim	
• A atenção do consulente/cliente está voltada para si mesmo	não	sim	
• O consulente/cliente quer conhecer suas vidas passadas para seu auto-aprimoramento	não	sim	
• Precisa equipe mediúnica	sim	não	Na TVP nem mesmo o terapeuta precisa ser médium.
• O consulente/cliente fica completamente a par do que acontece em relação às informações captadas de vidas passadas	não	sim	Discutiremos proposta a respeito desse item adiante.
• É necessária a evocação de entidades espirituais para o auxílio dos trabalhos	sim	não	Na TVP entidades conduzem as eventuais "presenças", ao final da sessão. Espera-se que o terapeuta esteja bem assessorado espiritualmente.
• Usa habitualmente a mecânica da incorporação	sim	não	
• Acontecem "incorporações" espontâneas do consulente/cliente	sim	sim	Na TVP o fenômeno acontece geralmente com clientes renitentes.
• Quem "vê" o passado é o consulente/cliente	não	sim	
• Modifica os painéis do passado	sim	não	Na TVP o cliente é orientado a reprogramar a vivência na vida presente.
• O consulente/cliente participa ativamente do processo	não	sim	
• Encaminha espíritos em massa oriundos de bolsões	sim	não	Na TVP é rara a manifestação de mais de uma "presença"
• Doutrina espíritos	sim	não	Na TVP o cliente se desculpa com a "presença"
• Lida com "presenças"	sim	sim	Na TVP o enfoque é no cliente

enfermiças dos desafetos do passado.

O cliente abandona aos poucos a tendência que temos, muitos de nós, de permanecer numa posição de vítima (o que é péssimo, pois da vítima nada se espera a não ser que sofra mesmo), esperando que algo aconteça que vá prover sua felicidade. A mesma expectativa com a qual muitos consulentes procuram as casas de auxílio espiritual; algo do tipo: "Façam por mim" ou "Tirem de mim esse obsessor maldito".

Estruturamos nosso tempo em cima de queixas e deixamos de fazer a nossa parte, inclusive aqueles procedimentos básicos que nos afastam das vibrações negativas e tudo o mais que nos aprisiona nas malhas do plano espiritual "da mão esquerda", como diz nosso amigo e orientador Roger Feraudy.

Ao mesmo tempo essa pessoa vai revendo seus defeitos e abandonando seus antigos padrões, porque o grande mal da humanidade, no fundo, se prestarmos bem atenção, é sermos todos irritadiços, ranzinzas e resmungões, isto é, prepotentes, porque queremos sempre tudo do nosso jeito e lidamos muito mal com as contrariedades da vida, como era muito compreensível em vidas passadas ante à nossa ignorância na época.

Temos observado que no trabalho de caridade da Fraternidade do Grande Coração as entidades manifestadas se preocupam muito com esse aspecto de transformação, até porque faz parte da ritualística da casa tentar esclarecer o consulente, visando a liberá-lo da dependência criada com o guia do médium, esquecendo por completo do seu próprio. Da mesma forma como também esquece, ou ignora, que precisa melhorar seu temperamento para que não desate um nó aqui e refaça outro acolá, sucessivamente, na vida. E os resultados são melhores quando o consulente começa a ter esse ***insight*** e se propõe a praticar pequenas mudanças em si mesmo.

Pensando nisso, não é possível acreditar que em breves momentos de evangelização, pessoal ou coletiva, como se faz na maioria das casas espirituais, com breves palestras, por exemplo, possa ser possível doutrinar uma consciência milenar, estando ela encarnada ou não. Ela precisa de mais auxílio; precisa de conscientização.

Quando são captadas ressonâncias de vidas passadas,

com posterior transformação de painel e tudo o mais, como terapeuta de vida passada e dirigente de um grupo apométrico, começo a pensar que seria bom se o dirigente pudesse sistematizar uma forma breve, branda, superficial e adequada, de se reportar apenas aos aspectos necessários para dar ***insight*** ao consulente dos padrões que poderiam ser repensados nesta vida atual. Em determinados casos (quando o cliente tiver compreensão suficiente para tal e/ou quando as ressonâncias traduzem vida onde foi um algoz, por exemplo), se poderia passar ao consulente a responsabilidade diante do caráter do antigo personagem, que poderá estar repercutindo até hoje em sua personalidade.

Responsabilidade no sentido de compreender que é preciso mudar aquela antiga forma de reagir ante a vida, cujos resquícios permanecem ativos até hoje, guardadas as devidas proporções; falamos daquele jeitinho que gostamos de ser para fazer com que todas as coisas saiam à nossa maneira, o que, no entanto, não só nos liga aos desafetos e aos enormes bolsões de entidades sofredoras, como também termina por criar outros compromissos cármicos. Antigamente brandíamos nossas armas e hoje brandimos, geralmente, nossas palavras, mas nossos sentimentos são ainda muito parecidos: não ouvimos as pessoas, não prestamos atenção às necessidades e sofrimentos dos outros, somos teimosos, vaidosos, sedutores, dominadores, egoístas etc etc. Até mesmo a famosa depressão nada mais é que uma forma de não aceitarmos a vida como ela é: "Se não for do meu jeito eu não brinco mais". A depressão é fruto de nossa irritação ante as vicissitudes e não de uma tristeza genuína.

Além disso, o consulente terminaria por libertar muitas dessas "presenças", se passasse a vibrar em outra faixa. Vibramos normalmente em ondas curtas, mas a qualquer aborrecimento, por menor que seja, passamos imediatamente a vibrar em ondas médias, as mesmas onde vibram tais entidades. Percebo que mesmo na Apometria bem-intencionada, fazemos muito pronto-socorro, mas pouco trabalho de investimento no indivíduo para que ele cresça enquanto espírito eterno, numa situação perene e independente ante a própria paz interior e libertação de seus compromissos cármicos.

Criamos uma dependência, onde, de tempos em tempos, o consulente precisa retornar para outros tratamentos, até porque ele volta a se sintonizar com outros desafetos e outras ressonâncias, na medida de sua incompreensão e insatisfação com as coisas, com as pessoas e com a vida, que, naturalmente, não estão aí para atender às nossas expectativas, o que muito nos contraria e irrita.

Mas também percebemos o perigo que uma proposta mal organizada deste tipo pode gerar nas mãos de pessoas que fazem questão de misturar as coisas ou delas se aproveitar. Desta forma estamos estudando o assunto com outros companheiros e com a assistência vigilante de nossos orientadores espirituais, de que somos meros instrumentos, para que então, tendo compreendido que não somos sábios, possamos prosseguir, humildes e sem alarde, no caminho da verdade, tentando sistematizar uma maneira de passar tais informações ao consulente, caso isso se prove, um dia, conveniente.

Ciência e religião se confundem no pensamento universalista da Era de Aquário, como é de direito e de lógica; quem não pode se confundir é o homem, levado até, muitas vezes, por sentimentos sinceros de ajuda ao próximo, como eu gostaria de acreditar. É mais que tempo de ficar claro que não basta ser terapeuta de vida passada para se tornar um trabalhador de um grupo de Apometria, sendo a recíproca mais que verdadeira. E ainda, que ser um apômetra não habilita ninguém para trabalhar como psicoterapeuta em linha nenhuma, assim como ser um intelectual não é, por si só, credencial para ser um instrumento ou modelo de ensinamento espiritual, apto a lidar com correntes vibratórias negativas.

O pior é quando a confusão chega do limite patético de se fazer sessões de Apometria em consultórios, sem corrente mediúnica firmada, sem qualquer proteção que ateste a veracidade dos fatos ali ocorridos e, além disso, cobrar honorários por esses "serviços".

Esquece por vezes o trabalhador da seara espiritual, encantado com a fenomenologia apométrica ou regressiva, que o tempo extra que lhe sobra daquele necessário ao trabalho de sua subsistência e que lhe foi ofertado pelo Pai, assim como suas peculiaridades mediúnicas pessoais, são ambos simples instrumentos para serem revertidos em seu proveito próprio, servindo na caridade gratuita e desinteressada, da mesma forma que lhe foi ofertado.

Como pode esse trabalhador esperar assistência espiritual para esse tipo de "caridade" que julga lícita? Da mesma maneira, como pode o terapeuta despreparado esperar por ela? Além de, muitas vezes, ele em nada estar realmente ajudando ninguém, em outras pode tornar-se um instrumento passivo nas mãos de nossos irmãos necessitados de luz, interessados em denegrir os grupos apométricos, como também já tentaram em outros tempos com a própria terapia de vida passada. Entidades trevosas que querem destruir essa verdadeira revolução nos tratamentos espirituais e psicológicos que, bravamente, a despeito de tantos percalços, vem crescendo e beneficiando tantas pessoas. E que tende a se alastrar entre os povos, como um rastilho de pólvora na história da humanidade nesse momento de transformação que se aproxima, pois empunham a bandeira da reencarnação redentora como algo a ser pensado de forma coerente e séria, escapando ao mero cenário doutrinário, que depende exclusivamente da fé para se sustentar.

Prestam esses nossos amigos, distraídos que estão das verdades divinas, um grande desserviço à evolução planetária, na medida em que tal entusiasmo, ou vaidade, os faz portadores de grandes "novidades" técnicas e formidáveis "conhecimentos" fenomenológicos, reinventando o simples de forma espetacular e fantasiosa, iludindo os simples e desinformados, tanto quanto aos avanços da ciência psicológica, quanto às possibilidades de novas e poderosas formas de diagnóstico e tratamento apométrico. Isto quando não interferem no carma do indivíduo, entrando nos meandros da magia negra, pois é de magia que estamos falando.

Relato de caso

Consulente: A. B. 60 anos, sexo masculino, casado, comerciante, espírita.

História clínica

O consulente é de família espírita, tendo sido seu pai médium receitista, já desencarnado. Apresenta há vários anos uma profunda falta de motivação perante a vida, definida por ele como depressão. Cansado e desanimado, vem perambulando de um negócio malsucedido a outro há vários anos.

Carrega a impressão dentro de si de que tudo vai continuar dando sempre errado na vida. E nada dá certo mesmo. Tornou-se com o tempo desinteressado pelos relacionamentos humanos, assim como pelos problemas materiais. Nunca conseguiu encontrar um centro espírita que pudesse freqüentar em sua cidade, sofrendo sempre a pressão de ser visto apenas como o filho do conhecido médium, a quem todos apreciavam.

A esposa, mais jovem, possuidora de evidente sensibilidade, sente pressões e dores no pescoço, além do mesmo desinteresse pela vida. Embora o casal viva em aparente cordialidade, ou quem sabe, apatia, o ambiente da casa é triste, pesado e desarmonizado.

Diagnóstico

O consulente estava magiado. Foi detectado um trabalho de magia em cemitério. Também havia um chip implantado em seu bulbo, com o objetivo de torná-lo impotente perante a vida.

Atendimento, técnicas e procedimentos

Antes mesmo do desdobramento do amigo que servia de "ponte" ao consulente, durante a anamnese, foi percebida a presença do pai do consulente, assim como de seu guia espiritual. Dois médiuns desdobrados detectaram um trabalho de magia num cemitério, onde vários objetos magiados estavam colocados numa caixa: um sapo com a boca amarrada, terra de cemitério, sangue, bonecos com objetos perfurantes transpassados, como vudus, fios de cabelo, roupas, penas de galinha e outros, catalisando energias através dos mesmos.

Através de um comando mental do dirigente vestiu-se um dos médiuns com uma roupa de proteção para que pudesse se dirigir ao local. O médium, acompanhado de outras entidades trabalhadoras na casa, visualizou sete entidades atuando como guardiões próximos a um túmulo, atrás do cruzeiro, onde estava a caixa, todos com a aparência astral deformada de forma bizarra, lembrando homens travestidos em ofídios.

Ao longe um mago negro observava a movimentação do grupo. Comandado por um Agente Mágico, o médium traçou o escudo mágico dessa entidade no chão do terreiro, onde um terceiro médium se postou para a manifestação de uma daquelas entidades, que foi trazida mesmo contra a sua vontade.

O guardião se recusava a retirar o "trabalho" realizado no cemitério e resistia, até perceber a presença de outro Agente Mágico, de mais alta hierarquia, que auxiliava, excepcionalmente, a sessão de Apometria da casa. Os guardiões puxaram do túmulo todos os objetos magiados, que foram queimados pelo primeiro Agente Mágico manifestado. Todos os guardiões foram entregues ao segundo e levados.

Outra varredura foi feita, baixando a vibração dos médiuns, para se localizar o autor da magia; provavelmente o mago negro que observava à distância.

Como nada foi detectado o dirigente providenciou o campo de força da estrela épsilon do Auriga,[1] formado por dois médiuns através da contagem de pulsos magnéticos, na forma da estrela de Davi. Formado o campo de força, fez incidir uma luz violeta de baixo para cima, imediatamente se manifestando o mago num dos médiuns, que se fixava nessa sintonia. Mostrou-se zombeteiro, altivo e prepotente, ridicularizando não só o trabalho da casa como também o do pai do consulente, o receitista desencarnado.

O dirigente tentou uma abordagem amorosa, mas obviamente a entidade não estava preparada para isso, tornando-se

1 "Se não conseguirmos (atrair algum espírito) — o que é muito raro — usamos de forças naturais de origem cósmica; a estrela épsilon do Auriga possui a incrível propriedade de atrair qualquer espírito que desejarmos, no âmbito terreno, bastando aplicarmos contagem até sete, sob comando mental, para atrair a entidade". José Lacerda de Azevedo, ***Energia e Espírito***, Porto Alegre, edição do autor, p. 50.

agressiva, sendo então transportado por um Agente Mágico para um antigo templo egípcio na espiritualidade. Evocando a Lei, o Agente Mágico desparamentou o mago, desfazendo o ritual de sua iniciação.

A princípio desafiador, logo se desesperou, prostrando-se numa lamúria chorosa. A seguir foi levado pelos agentes mágicos para outro local não percebido pelos médiuns, onde ficaria de forma permanente, em nosso tempo, a fim de reiniciar o entendimento para um futuro resgate de sua consciência milenar.

Outro médium desdobrado visualizou a casa do consulente imersa em uma espécie de lodaçal. Com o auxílio das energias dos elementais do fogo, as salamandras, todo o material plasmado foi queimado, retirando-se os miasmas e fluidos deletérios ali deixados. Foram identificadas duas "presenças" cuja função era desarmonizar o ambiente. Elas foram retiradas e encaminhadas.

Foi captada uma ressonância de vida passada onde o atendido fôra um bispo, em época medieval, durante uma guerra ou algo parecido. Um homem que não se importava absolutamente com a tragédia que se passava à sua volta, com o povo entregando suas vidas em encarniçados combates em nome de Deus, incitados que foram, por ele, a defender suas convicções religiosas, mesmo que isso lhes custasse as próprias vidas.

Levado, no entanto, por motivos escusos, pois era ganancioso e desde o princípio só pensava mesmo em si próprio, temeroso de que seus tesouros lhe fossem tirados pelos invasores, tratou de recolher da igreja o máximo de objetos preciosos que podia, fugindo por uma passagem secreta, que levava ao rio, onde um barco estava à sua espera.

No caminho acabou matando um de seus servos, que tentou impedi-lo de fugir com as preciosidades sagradas da igreja. Porém, nas margens do rio, muitos soldados estavam igualmente à sua espera, avisados que foram por outros servos. Termina morto, arrependido e desesperado de medo dos muitos espíritos que se aglomeram em volta dele, ansiosos por vingança, pois há muito ele sacrificava vidas em proveito próprio.

Após o painel ter sido refeito e o consulente ter sido despolarizado dos pensamentos parasitas, é localizado um bolsão de espíritos presos na mesma faixa vibratória, aldeões, que foram liberados e encaminhados.

Em outra ressonância captada o consulente havia sido um assistente daquele mesmo mago negro que comandava atualmente a maioria das ações do umbral inferior; ambos sacerdotes egípcios, faziam o sacrifício de seres humanos.

O pai da atual encarnação e daquela também, já naquela época mais evoluído, e igualmente sacerdote, conseguiu arrancá-lo daquela vida, depois de uns tantos desmandos, destruindo, posteriormente, o trabalho do sacerdote que comandava os sacrifícios, que caiu em desgraça. Novamente o painel é refeito e outro bolsão de espíritos sofredores é encontrado e liberado por entidades manifestadas como caboclos da vibração de Xangô.

Numa última varredura foram detectados aparelhos implantados na nuca do consulente e de sua companheira, que periodicamente expeliam cargas deletérias no organismo de ambos, com a finalidade de criar sensações depressivas e de baixa estima.

Os chips foram retirados por entidades da vibração do povo do Oriente, trabalhando na linha de Oxalá, comandadas pelo chefe do grupamento; e substituídos por outros, após a dialimetria do local, para emitir vibrações positivas.

Na proposta de localizar os mandantes, outro mago, de hierarquia menor, foi localizado, e depois de enviar dois prepostos, na tentativa de confundir os agentes mágicos, que novamente trabalhavam em auxílio do grupo, foi trazido após a técnica do spin ser utilizada. O mago e aqueles assistentes que vieram antes, do mesmo grupo do anterior, foram também retirados, sendo seu laboratório localizado nas Trevas e sua base destruída por enorme campo de força, que vibrava num vórtice vertical, que projetou a energia residual para o espaço exterior.

Outro médium, desdobrado num cenário de fundo escuro, percebeu ainda um indiano trajando uma túnica branca e turbante também branco, postado à frente de uma maca, aguardando o médium, e que parecia pronta para ser utilizada. Estão ambos na residência do consulente.

O indiano fez esclarecimentos sobre o assistido, primeiramente mencionando seu conhecimento e sua facilidade de se sintonizar numa faixa amorosa de pensamento, mas da mesma forma e com a mesma facilidade, se sintonizava com ligações que queriam enfraquecê-lo. A entidade era objetiva e apesar de denotar restrições, deixava claras suas melhores expectativas de que ele também se propusesse a fazer a sua parte, que era trabalhar na obra assistencial da espiritualidade, atividade da qual havia se afastado, o que lhe criaria uma aura de proteção e merecimento.

A pedido do dirigente o médium vai ao encontro do consulente e o acompanha até um local mais iluminado do Astral, em cuja entrada havia uma escada com degraus brancos. Era o Hospital do Grande Coração, que atende a casa. Um quarto se abriu para ambos, sendo o consulente recolhido numa cama alta. Um redemoinho de cores o envolveu, começando pela cabeça e descendo até os pés.

O médium observou que uma luz era projetada em sua cabeça, como se saísse de mãos em redor de sua cabeça. Inicialmente azul, que depois se alternou para o índigo e depois para violeta, onde se estabilizou. No baixo ventre foi depositada uma energia rósea, que aos poucos foi se projetando para todo o abdômen. Uma entidade conversava com ele, como que o alimentando de idéias.

Terminado o tratamento, seu corpo sutil lá ficou internado, retornando o médium imediatamente à residência do consulente, de onde outra maca saía conduzindo uma mulher inerte, trajando roupas de tom bege escuro e uma capa marrom com capuz. Trazia a boca costurada em forma de cruz. Era uma das entidades sofredoras ali deixada para, em seu sofrimento pessoal, transmitir, inconscientemente, suas energias negativas ao assistido e sua esposa. A maca foi levada e o ambiente da casa tornou-se mais claro. O indiano, de pé, se despedia de mãos justapostas.

O povo das águas, vibrando na linha de Yemanjá, foi solicitado pelo dirigente para a limpeza do ambiente da Apometria e dos médiuns, evocando-se os pontos cantados de descida dessa vibração, utilizando-se a magia do som, para harmonizar o ambiente. Outros pontos de demanda foram cantados durante o trabalho das diversas linhas manifestadas e de evocação, como no caso dos agentes mágicos, de acordo com a necessidade de cada momento.

Ao final manifestou-se outra entidade do Oriente, e os médiuns foram envolvidos por uma atmosfera de paz e alegria.

Orientação

Ao médium que serve de ponte para o atendimento do consulente, que mora em cidade distante, é passada a orientação, através de outro médium, irradiado por uma entidade vibrando na freqüência de Yorimá, a dos pretos velhos, que volte a procurar o trabalho em centro espírita, onde possa desenvolver sua mediunidade e o trabalho redentor na caridade desinteressada, para o resgate de seu carma.

É também orientado para que procure um terapeuta reencarnacionista, visando compreender os meandros emocionais de sua depressão, que auxiliam o desequilíbrio espiritual.

Conclusão e histórico espiritual

Síndrome de ressonância vibratória com o passado, mediunidade reprimida e não atuante, pensamentos parasitas recorrentes, transtorno obsessivo mediado por mago negro, além de estar magiado e com chips implantados em seu duplo etérico.

Tendo sido um bispo católico em vida pretérita e feito mau uso da religiosidade, esta se mostra como a razão pela qual se afastava da atividade espiritualista nesta vida, mesmo tendo nascido numa família reencarnacionista e de intensa atividade na seara espiritual.

O temperamento depressivo denota uma forte personalidade, com grande dificuldade de lidar com as contrariedades da vida. A cada nova vicissitude, o desejo é abandonar tudo e deixar que a vida se escoe inerte, impossibilitado de enfrentar os problemas cotidianos. Até porque em vida passada seus planos também não deram certo e a derrota é a condenação certa, imantada naquele espírito.

A impressão de que nada dá certo se confirma a cada dia

e o sentimento óbvio de irritação o conduz ao encontro das vibrações inferiores que o conectam aos espíritos obsessores, ávidos de vingança, além de tantos outros sofredores, usados para atormentá-lo.

Por ter sido parceiro do mago negro, dentro da justiça do reencontro de consciências afins, termina por se tornar a falsa vítima de antigos asseclas, que dos rituais de magia negra do passado, retornam com força na luta por manter viva no astral inferior a mesma organização, tentando tirar de seu caminho todos aqueles que um dia representaram, de alguma forma, a sua queda.

Na ausência do pai, julgavam-no totalmente desprotegido e na impossibilidade de atingir diretamente o primeiro, tentavam destruir o filho.

Dentro da Lei justa de causa e efeito A.B. nunca poderia ser considerado uma vítima. Ao contrário, a dor emocional lhe proporcionaria mais uma oportunidade de aprendizado, que se bem aproveitada, poderia se tornar um novo recomeço no caminho para a Luz. Sua grande tarefa era compreender esse fato e reprogramar sua vida.

Maria Teodora Ribeiro Guimarães[2]

---

2 Maria Teodora Ribeiro Guimarães (Campinas, SP), médica psiquiatra. Presidente da Sociedade Brasileira de Terapia de Vida Passada, é diretora espiritual da Fraternidade do Grande Coração — Aumbandhã.

José Augusto Arnt
Casa do Jardim

Micro Organizadores ou Dietetes

1. Organizadores bioeletromagnéticos astral-etéricos

Através da Apometria estamos utilizando novas e eficientes técnicas e procedimentos na terapêutica espiritual.

Dietetes, em grego, significa "organizar". Por isso estes aparelhos são também chamados de microorganizadores.

Na prática, são pequenos aparelhos astrais e/ou etéricos criados nos planos superiores, colocados através da colaboração dos médiuns; equipamentos auxiliares de cura, plasmados em geral na região da nuca do corpo espiritual dos pacientes. Apresentam-se aos videntes com formas e cores variadas, tendo sido percebido que estas diferenças estão relacionadas diretamente a sua função.

Eles liberam, de acordo com a necessidade, fluxos eletromagnéticos, medicações homeopáticas, essências florais, hormônios, medicamentos fitoterápicos etc.

São transformações do Fluido Cósmico Universal, produzidas em geral com o auxílio dos Espíritos da Natureza, recolhidas do infinito manancial cósmico de energia do planeta.

São colocados nos pacientes através da vontade — exteriorização do **comando mental** — do médium, em atuação conjunta com os técnicos e orientadores espirituais, que são os verdadeiros responsáveis por esses trabalhos. O médium, através de contagem rítmica, projeta energia, colocando o aparelho ou aparelhos no corpo perispiritual do paciente, plasmando-os no astral/etérico.

O medicamento aplicado é liberado vagarosamente pelo microorganizador em pequenas doses, aos moldes das medicações homeopáticas e essências florais.

Os microorganizadores podem ainda servir como repositores hormonais; também atuam na rede sináptica, equilibrando descompassos do sistema nervoso.

As essências florais, homeopáticas, fitoterápicas etc., poderiam, eventualmente, ser aplicadas sem os dietetes, mas através deles ficam atuando e sendo liberadas por muito mais tempo.

Mas o leitor menos afeito às nossas terapêuticas pode se perguntar: qual a necessidade de um médium para a colocação das essências ou mesmo dos aparelhos, se estes são colocados no astral e/ou no etérico?

A resposta é simples!

A atuação do médium é necessária como um fator de auxílio ao mundo espiritual por duas razões bem distintas:

Primeira: por causa do rebaixamento vibracional!

As ondas mentais que o médium emite através da sua vontade funcionam como uma espécie de condensador energético, uma espécie de transformador bioplasmático da vontade dos espíritos mentores dos atendimentos.

O médium, atuando ativamente através da sua vontade, realmente cria, isto é, plasma no plano astral e/ou no etérico estes aparelhos, aumentando a sua participação no processo de atendimento e facilitando, e muito, o trabalho dos responsáveis técnicos do astral.

Segunda: ectoplasma!

Esta matéria produzida somente pelo corpo físico e liberada pelo corpo etérico, é indispensável para que se plasme, isto é, se **crie** no plano astral e no plano etérico os microorganizadores.

Sem a presença de ectoplasma, fica completamente impossibilitada a colocação dos microorganizadores.

Estes procedimentos são utilizados rotineiramente em nossos atendimentos e no de muitos outros grupos de Apometria.

Em geral, em nossos trabalhos, os microorganizadores são aplicados nas vibrações de Oxóssi e do Oriente.

Mas por que é mais comum a utilização de medicações homeopáticas e essências florais?

Porque ambas são terapias vibracionais, tal qual a Apometria.

2. A Homeopatia

A Homeopatia é uma das formas mais básicas de medicina vibracional em uso atualmente, tendo suas próprias regras e princípios, um dos quais é o princípio de que "semelhante cura semelhante".

De uma certa maneira, a prática da homeopatia tem semelhança com a abordagem médica de aplicar vacinas contra diversos agentes produtores de doenças.

Samuel Friedrich Christian Hahnemann, o fundador da Homeopatia, nasceu em 1755, na cidade de Meissen, Alemanha. De origem humilde, formou-se em Medicina na cidade de Leipzig, onde alguns autores dizem ter nascido. Por mais que fizesse a coisa certa, por várias vezes Hahnemann sentiu o gosto do fracasso, não por incapacidade, mas porque a Medicina em exercício na época era bastante primitiva e carente de embasamento científico.

Assim, acabou abandonando a Medicina em 1787 e passou a viver de traduções de obras científicas. Então, em 1790, traduzindo o livro "Matéria Médica", de um conceituado médico escocês, Dr. Cullen, leu que este médico tinha sucesso ao tratar a malária com cascas de quina. Ora, a malária tem como principal característica uma febre alta de "queimação".

O próprio Hahnemann já havia passado pela situação de sofrer com uma gastrite, porém, conhecendo a seriedade do Dr. Cullen, quis experimentar novamente a planta e mais uma vez observou a ardência no estômago. Imediatamente concluiu: "substâncias que provocam uma espécie de febre cortam as diversas variedades de febre intermitente" ou seja, "a febre cura a febre". Esta idéia não era novidade para ele, visto que conhecia a citação de Hipócrates, conhecida como o Princípio da Similitude, onde se curava "o mal com o mal".

Foi Samuel Hahnemann que desenvolveu esta idéia na prática, passando a experimentar ele mesmo, com alguns de seus colaboradores, as mais variadas substâncias, das quais foram observados e anotados os efeitos produzidos no organismo. Mais tarde, deu início ao seu método aplicando aquelas substâncias em doentes que apresentavam os mesmos sinais estudados.

Obteve retumbante sucesso nesta nova prática médica, que chamou de Homeopatia.

Segundo Samuel Hahnemann, são 4 os princípios fundamentais da Homeopatia:

1. Lei dos semelhantes:

Hipócrates, o "pai" da Medicina, já tentava a cura dos males com semelhantes. Associava-se o formato, cor etc., e principalmente a intuição às características da doença, na tentativa de curá-la. Foi Hahnemann, porém, que desenvolveu as bases para a utilização da Lei dos Semelhantes com métodos científicos. Ele experimentou substâncias, anotou os efeitos despertados no organismo e passou a utilizar as mesmas em doentes com sintomas semelhantes aos observados no estudo.

2. Experimentação no homem são:

Em vez de testar as drogas em animais ou em testes laboratoriais, Hahnemann selecionou voluntários em perfeita saúde para experimentar as substâncias e descrever com precisão os sintomas (dando grande importância aos sintomas mentais) obtendo assim o "retrato" de cada medicamento.

3. Dose mínima:

Sabendo do perigo do uso de grandes quantidades de plantas tóxicas e venenos, preferiu usar doses pequenas de medicamentos, para que somente o efeito benéfico aparecesse durante o tratamento.

4. Remédio único:

Hahnemann e seus voluntários experimentavam uma droga de cada vez, para não mascarar seus efeitos no organismo sadio. Ele não admitia que no processo curativo o médico misturasse duas ou mais substâncias ao mesmo tempo, pois achava que o resultado era imprevisível, uma vez que o doente já estava bastante enfraquecido pela doença em si.

Absorto pela teoria da Energia Vital, Hahnemann achou que seu método estava incompleto, faltando-lhe um componente dinâmico. Aperfeiçoando sua teoria, criou a Dinamização.

Quando qualquer medicamento homeopático é preparado, ele passa pela dinamização, ou seja, diluições seguidas de 100 sucussões (batidas fortes e ritmadas) para despertar a energia contida na substância ali presente.

3. Os Florais de Bach

As essências florais atuam tanto no plano físico como nos planos mais sutis, não competindo com outros tipos de tratamento de saúde, sendo usadas com muito sucesso em conjunto com outras terapias.

As essências florais tratam estados emocionais, mas não são medicamentos psiquiátricos.

As essências florais não funcionam através do princípio homeopático de que "semelhante cura semelhante", mas sim atuam estimulando uma específica condição emocional através do aumento das qualidades deste estado, estimulando uma conscientização de determinadas tendências opostas da Alma.

O criador do Sistema de Florais de Bach, Dr. Edward Bach, nasceu em 1886, em Moseley, Inglaterra.

Sua família era proveniente do País de Gales, uma região com uma natureza exuberante, e místico por tradição.

Formou-se em Medicina em 1912, como patologista em 1913 e em Saúde Pública em 1914.

Durante seus muitos estudos observou que o mesmo tratamento para pessoas com a mesma doença funcionava para alguns e para outros não. Existia, portanto, algo além da doença orgânica.

Juntando seus conhecimentos bacteriológicos com a imunologia descobriu a relação de algumas bactérias intestinais com doenças crônicas e percebeu que as doenças melhoravam com a injeção parenteral de algumas bactérias específicas.

Conheceu a doutrina de Hahnemann quando trabalhou como bacteriologista no London Homeopathic Hospital.

Nesse momento sentiu que poderia ampliar suas potencialidades curadoras ao combinar seus princípios com os da homeopatia e passou a preparar vacinas utilizando-se do método homeopático, administrando-as através da via oral e não mais parenteral, obtendo resultados surpreendentes.

Em 1926 publicou ***Cronic Disease. A Working Hypothesis***. Nesta época os nosódios de Bach (medicamentos preparados a partir de uma amostra patológica humana ou animal), como eram conhecidos os seus nosódios intestinais, eram utilizados por toda a Grã-Bretanha e em outros países. No mesmo período começou a tentar substituir os nosódios por medicamentos obtidos através do preparo de plantas. Utilizando-se do método de diluição e potencialização homeopático, preparou dois medicamentos: ***Impatiens e Mimulus***, com duas flores que trouxera do País de Gales; e novamente os resultados superaram as suas expectativas iniciais.

É desta época, também, que data a sua separação dos indivíduos em grupos por semelhanças de comportamento, como se sofressem do mesmo tipo de problema.

Em 1930, resolvido a buscar na Natureza o sistema de cura que idealizara, larga o consultório em Harley Street e os dois laboratórios onde trabalhava. Sentia que a Homeopatia não estava longe da resposta, contudo não era o que tão tenazmente buscava.

Tinha então 44 anos e partiu para a terra dos seus ancestrais: o País de Gales.

Ocorre que por um equívoco acabou deixando o material necessário para o preparo dos medicamentos homeopáticos em Londres, e de forma curiosa foi justamente este engano que o impulsionou diretamente à descoberta de um novo sistema de extração dos medicamentos das plantas, os Florais de Bach.

Observando as gotas de orvalho sobre as pétalas de flores, pensou que o sol incidindo sobre elas talvez pudesse extrair seus princípios curativos. Coletou, então, algumas gotas e através da sua extrema sensibilidade descobriu o que elas tinham de curativo, experimentando-as em si próprio. Teve várias reações. Algumas vezes leve, mas em outras vômitos, febre, dores em lugares diversos, erupções etc.

Decidido a otimizar seu processo, dada a dificuldade de coleta e a pequena quantidade de orvalho disponível nas plantas, passou a colocar pétalas dentro de uma tigela de vidro com água pura de uma nascente, deixando-as ao sol por algumas horas. Cinqüenta dias depois escreveu ***Cure-se sozinho*** (Inicialmente o livro chamava-se ***Liberado pela Luz***). Logo depois, publica ***Os doze remédios curadores.***

Prosseguindo com suas pesquisas, descobriu outras plantas, criou novas essências, primeiro sozinho e depois com uma equipe de auxiliares, publicando algumas obras, e em 1936 publicou ***Os Doze Remédios Curadores e Outros Remédios***, sua definitiva obra sobre as essências florais.

Bach colocou no papel seus 38 estados mentais, ***anímicos***, de uma maneira tão simples que qualquer pessoa pôde compreender o que ele dizia.

Desencarnou dormindo, aos 50 anos, em 27 de novembro de 1936.

O Dr. Edward Bach pregava que a ação das essências florais é elevar nossas vibrações e abrir canais para a percepção do nosso Eu Espiritual, inundando nossas naturezas com aquela virtude de que necessitamos para eliminar as falhas que estão causando a desarmonia.

"Tais remédios, como a mais bela música, ou qualquer coisa gloriosamente exaltadora, podem elevar nossas verdadeiras naturezas, aproximando-nos de nossas Almas e, através disso, trazerem-nos paz e alívio para o nosso sofrimento. Elas alteram a atitude do paciente tanto em relação à doença quanto em relação à saúde".

José Augusto Arnt[1]

---

1 Médico psicoterapeuta, homeopata, trabalhador da Casa do Jardim.

Roger Feraudy
Dirigente de grupos
de Umbanda Esotérica

Os especialistas e o trabalho apométrico

Apometria é magia.

As manipulações de energia praticadas pelos apometristas têm intrínseca relação com operações mágicas. E a Apometria trabalha desde sua criação com as entidades que militam na Umbanda, capazes de obstar a atuação da magia negra.

Mas o que é magia? Inicialmente devemos defini-la, para melhor compreensão de todos aqueles que trabalham com Apometria.

Tudo no universo é magia. O próprio fenômeno da Manifestação (a criação dos universos) é uma conseqüência da magia — Magia Divina.

Podemos, portanto, definir magia como sendo "todo o movimento produzido pela vontade, capaz de causar uma modificação, originando um desequilíbrio chamado dualidade, que pode ser transitório ou duradouro", regido por três leis básicas:

1) A lei do espírito é Deus;
2) A lei do universo é a evolução;
3) A lei da matéria é o número.

No ritual de alta magia (que seria útil ao praticante da

Apometria conhecer) o número revela o mistério do um que se transforma nos muitos, até seu limite perfeito, o número dez, que simboliza Deus na Natureza e a Natureza em Deus.

Sendo Apometria pura magia, além dos médicos do Espaço e dos hospitais do mundo astral que se dedicam a esse serviço, nele operam ainda os grandes ***especialistas*** da magia: os pretos velhos e pretas velhas e os exus, os agentes mágicos universais, além dos caboclos e caboclas. E também atuam os Espíritos da Natureza, os Elementais.

Os elementais são convocados e dirigidos pela linha de Yori — aqueles que nas umbandas populares são denominados de "crianças". Porém é necessário que fique bem claro: esse "criança" tem um sentido esotérico profundo, pois é criança aquele que nasceu de novo, morreu para a vida material e renasceu para a espiritual — ou seja, os Iniciados. Não são, por conseguinte, espíritos infantis, na maioria das vezes não muito responsáveis. A linha de Yori é composta apenas por entidades no grau de Guias, não existindo nela Protetores.[1]

Tem-se observado, em sessões de Apometria, quando se invocam os Orixás e suas Linhas, que a chamada não obedece a uma ordem determinada, havendo uma confusa mistura entre as entidades que se manifestam. Quando se recorre à Umbanda para a prática da caridade, como esse movimento preceitua uma ordem, tanto hierárquica como de atuação específica de seus Guias e Protetores, seria bastante lógico e coerente que se obedecesse a algumas regras, o que aumentaria a eficiência dos tratamentos.

Em primeiro lugar, não só dada a sua atuação no campo da manipulação mágica de energias, mas também pelo fato de confrontar-se com as hostes de magos negros, é absolutamente necessário que se faça, antes de iniciar a atuação do grupo de Apometria, uma segurança[2] nos agentes mágicos. Essa segurança é necessária quando os locais do trabalho são salas

1 As denominações de Guias e Protetores identificam graus hierárquicos (evolutivos e de atuação) na egrégora espiritual da Umbanda, assim como as de Chefes de Falange e Chefe de Legião.

2 Segurança é o termo utilizado na Umbanda para designar uma forma material que serve de ponto de fixação no plano físico para que, por sintonia vibratória, entidades do Invisível nele se apóiem para trabalhar. É uma espécie de "canal vibratório" ou janela magnética, funcionando à semelhança do ponto de apoio de uma alavanca, para a aplicação das forças magnético-espirituais; utilizado pelas entidades guardiãs, permite a necessária segurança dos trabalhos.

ou recintos não preparados para esse fim. A segurança deve constar de um cristal de rocha, imantado para essa finalidade, e colocado atrás da porta de entrada do local de trabalho. Quando a Apometria é realizada em centros espíritas ou de Umbanda, não há necessidade dessas precauções, porque o ambiente já está devidamente preparado e com sua segurança própria.

Em segundo lugar é também necessário, quando se trabalha com as Linhas de Umbanda, seguir a seguinte norma:

Para se fazer a chamada dos Orixás das diversas linhas — concentração em Oxalá, inclusive para, através desse Orixá, convocar o chamado Povo ou Agrupamento do Oriente (equivocadamente chamado de ***Linha do Oriente***).

Linha de Ogum — quando houver necessidade das lutas e demandas. As entidades dessa Linha são convocadas pelos pretos velhos e pretas velhas quando há necessidade de um confronto direto com os magos negros, a fim de destruírem as edificações encontradas no baixo mundo astral.

Linha de Oxóssi — curas através de ervas medicinais e necessidade de passes magnéticos, limpeza da aura e fortalecimento do plexo solar.

Linha de Xangô — causas e efeitos. Quando os trabalhos estão afetos à Lei do Carma.

Linha de Yemanjá — Limpeza magnética do consulente e do ambiente onde se realizam os trabalhos;

Linha de Yori — Para a chamada dos Espíritos da Natureza. Os dirigentes dos trabalhos de Apometria não têm condição de invocar essas entidades, que têm profunda aversão aos seres humanos, e somente irão se apresentar por intermédio desse Orixá. Na maioria das vezes o que se observa, quando os Espíritos da Natureza não são chamados por Yori, é que se apresentam Artificiais, pensamentos-forma. São de grande utilidade nos trabalhos de Apometria os Espíritos da Natureza que atuam no elemento fogo, as Salamandras, utilizadas para queimar, destruir através desse elemento ígneo o que se quer eliminar.

Linha de Yorimá — Desmancho de magia negra. Estas entidades, grandes magos, trabalham em associação com os exus guardiões, coroados, batizados e de lei. Debaixo das ordens dos exus (agentes mágicos) a eles subordinados, trabalham também os chamados "compadres e comadres", pensamentos-forma, artificiais, que contribuem de forma efetiva, auxiliando bastante nos trabalhos apométricos.

É absolutamente necessário definirmos o que é exu, desmistificando as crendices que existem em torno deles, e esclarecer o que é realmente essa entidade.

O nome de exu é relativamente novo. É uma corruptela de Yrschu, nome do filho mais moço do Imperador Ugra, da Índia arcaica. Yrschu, aspirando ao poder, rebelou-se contra os preceitos e regras dos magos brancos, difundindo uma doutrina contrária a esses princípios. Tal acontecimento recebeu o nome de Cisma de Yrschu; foi totalmente dominado e o príncipe banido do território indiano. É de Yrschu que surge o nome exu, acrescido ainda pelo vocábulo *exud*, do hebraico, que quer significar "povo banido". Sem sombra de dúvida este nome provém daí, para simbolizar o mal, o maldito, aquele que foi banido dentre os bons.

Esse nome não deveria ser usado, pois além de tudo é pejorativo, e o nome correto com que devem ser identificadas essas entidades é o de agentes mágicos universais, porque são os agentes da magia, os elementais da magia.

Os agentes mágicos, em número de sete, chamados de guardiões do médium, são seres impessoais, sem representação-forma, servindo de veículo para toda e qualquer magia, sintetizada em suas sete gradações nos sete planos de manifestação. É a própria essência elemental, liberada em suas 1.764 combinações que irão constituir a quintessência da matéria. O veículo da magia.

Obedecendo ao numerário mágico de que é constituído todo o ritual de Umbanda, cada agente mágico (não-incorporante) desdobra-se em seis com o mesmo nome — os chamados *coroados*, em número de 42; são os chefes de legião, estes sim incorporantes. Eles por sua vez se desdobram em mais seis cada um, perfazendo um total de 252, chamados de *batizados* (porque têm nomes pessoais) — os chefes de falange. Estes, em novo desdobramento irão dar 1.512 agentes mágicos chamados *de lei*.

Abaixo dessa rígida hierarquia, vamos encontrar os chamados Auxiliares, sem número certo, espíritos que tiveram encarnação humana e hoje trabalham como espécie de assistentes dos agentes mágicos e impropriamente, na Umbanda popular, são chamados de "exu pagão". Incluem-se nessa faixa os "compadres" e "comadres".

Para cada orixá temos como elemento de ligação um agente mágico guardião:

Oxalá — Sete Encruzilhadas;
Ogum — Tranca Ruas;
Oxóssi — Marabô
Xangô — Giramundo;
Yemanjá — Pomba-Gira;
Yori — Tiriri;
Yorimá — Pinga-Fogo.

É evidente que são nomes populares, pois os magos brancos, na antiguidade, conheciam os agentes mágicos através dos sete planetas sagrados aos quais estavam ligados, e das figuras geométricas correspondentes.

Concluindo, os agentes mágicos universais, que impropriamente chamamos de exus, são os elementais da magia, os agentes que a veiculam. São os grandes manipuladores da magia e saneadores do baixo mundo astral e, mal comparando, podíamos dizer que são eles a polícia de choque do astral; onde existe desordem eles colocam ordem.

A Apometria, método importante para a cura do espírito e da matéria, unida à Umbanda torna-se valiosa no combate à magia negra, para o que deve contribuir o conhecimento real dos agentes mágicos universais. Podemos concluir que através desse casamento perfeito, Umbanda/Apometria, conseguiu-se uma terapia que poderá equacionar inúmeros problemas anteriormente insolúveis.

Quanto aos pretos velhos e pretas velhas, que se apresentam com essa vestimenta fluídica, não são realmente só o que aparentam ser. As entidades que trabalham nessa linha da Umbanda foram no passado grandes magos, cabalistas, astrólogos, sábios com conhecimentos profundos do esoterismo (podendo um não ter tido encarnações na raça negra), Iniciados nos "Sagrados Mistérios," hierofantes, que humildes e silenciosos ocultam-se no disfarce de sua verdadeira identidade. São eles que assumem na Apometria o comando para a ação direta contra os irmãos das Sombras, vasculhando os recessos escuros do umbral inferior, destruindo as contruções umbralinas, às vezes castelos imponentes, e os laboratórios onde se realizam experiências nefandas, como o fabrico de aparelhos eletrônicos que são afixados nos corpos etéricos e astrais dos seres encarnados. Para esta verdadeira batalha, essas entidades convocam os "caboclos" da Linha de Ogum, os guerreiros do astral, para juntos realizarem a completa destruição dessas edificações. Convocam ainda os agentes mágicos, que realizam o trabalho final, qual seja o embate frente a frente aos magos negros e seu aprisionamento, ou ainda, o encaminhamento para a doutrinação, ou a remoção para os locais onde estão sendo realizadas os atendimentos apométricos.

Como se pode verificar, o trabalho dos pretos velhos e pretas velhas na Apometria é de suma importância. Através deles pode-se ainda adentrar os bolsões do passado e trazer para a época presente as cenas pretéritas, os responsáveis pela execução da magia do passado, sanando os desequilibrios decorrentes.

Os agentes mágicos são entidades responsáveis, entidades de luz, que trabalham na prática do Bem e da verdadeira caridade, e especialistas indicados para o enfrentamento direto e domínio dos magos negros e sua corte de espíritos trevosos.

Podemos parafrasear aqui o que afirma a sabedoria popular. Existe um "ponto", um cântico da Umbanda, que diz ao final: "salve o povo da Aruanda, sem exu não se faz nada".

Realmente: sem os pretos velhos e pretas velhas, os agentes mágicos universais, os caboclos especialistas da linha de Ogum, e os elementais — espíritos da Natureza — "não se pode fazer nada" nos trabalhos de Apometria.

Roger Feraudy[3]

3 Odontólogo, escritor e conferencista, dirigente de grupos de umbanda esotérica.

Hermano Augusto de
Medeiros Jr.

Apometria — Revendo Conceitos

As mudanças teórico-práticas dentro da abordagem da Apometria, através do trabalho de diversos pesquisadores e respectivos grupos, vêm acontecendo rapidamente. Talvez, justamente pela velocidade de implementação de certas mudanças, alguns aspectos que vêm sendo divulgados **parecem** não estar plenamente esclarecidos. Há também diferenças marcantes nas explicações de certos fenômenos por trabalhadores de diferentes grupos.

O presente texto analisa algumas dessas informações. Trata-se da expressão de uma opinião. Não se destina àqueles que estão satisfeitos com as próprias interpretações das informações veiculadas e dos fatos observados nos atendimentos apométricos, mas àqueles que não encontraram uma resposta convincente às próprias dúvidas e questionamentos. Não tem a pretensão de constituir-se como verdade, mas apenas servir como um convite à reflexão, apresentando uma visão que se baseia nas experiências pessoais, leituras de diversos autores, participação em listas de discussão etc. Pude contar com o auxílio de uma Equipe Espiritual que discutiu vários desses aspectos comigo e à qual gostaria de expressar meu agradecimento. No entanto, mesmo com todo apoio que recebi, sintome na obrigação de deixar claro que o resultado final continua sendo simplesmente a expressão do **atual** modo de pensar de um ser humano, ainda imperfeito, na busca da compreensão de alguns aspectos...

E nessa busca é preciso confrontar idéias, analisar as diferentes abordagens. Inevitavelmente deverei citar alguns autores e seus respectivos modos de pensar, até mesmo para poder comparar, concordar, discordar etc. Respeito todas as opiniões (mesmo aquelas que ainda não consigo compreender), pois são direitos inalienáveis de cada ser pensante. Mas algumas **me** parecem mais ou menos prováveis, de acordo com o que meu atual estágio evolutivo me permite enxergar. E como também sou um ser pensante, reservo-me o direito de ter uma opinião...

Iniciemos nossas reflexões dirigindo a atenção ao chamado desdobramento anímico, com dissociação de níveis e subníveis consciencіais.

Alguns estudiosos falam da divisão do agregado humano em sete corpos, cada um desses dividido em sete níveis, que por sua vez se dividem em subníveis. Cada uma dessas partes possuiria características peculiares, além de poderem atuar em locais diferentes, de forma independente, chegando ao ponto de se "associarem" com um objetivo comum. Observando o "conjunto" de níveis e/ou subníveis, deparamonos com conceitos como "subpersonalidades", "personalidades virtuais", "linhas de rebeldia" etc. (Obviamente este é apenas um esboço, com o intuito de localizar o leitor nos temas que iremos abordar. A quem se interessar pelo assunto, existem vários livros disponíveis.)

Pois bem. Há muito já é dito que o espírito se manifesta através de diversos "corpos", cada um deles adequado à respectiva dimensão em que atua. As diferentes abordagens trazem números diferentes de corpos, mas de uma forma geral a idéia é muito semelhante, e talvez o modelo mais conhecido seja a divisão em sete.

A primeira questão que surge é: será que esses corpos são passíveis de divisão em "níveis" e "subníveis"? Em tese poderíamos dizer que da mesma forma que conseguimos dividir o nosso corpo físico em diversas partes, poderíamos proceder com os corpos espirituais. Mas será que cada um desses níveis "funciona" de forma independente dos demais, constituindo uma individualidade?

Pois é essa a impressão que tenho ao ler diversos relatos que falam sobre níveis em locais diferentes, com forma espacial, independentes, atuando livremente e interagindo com outros níveis, espíritos obsessores etc. É comum encontrarmos expressões como: "o nível tal **estava preso** em tal lugar", "os níveis desarmônicos **foram levados**", "os níveis **associaram-se** contra a ponta encarnada" etc. Alguns trechos falam dessa individualidade e ação independente: "Na realidade eles existem e têm graus de individualidade variados, tomam resoluções por sua conta própria, sem se importarem com o que os outros níveis estão decidindo ou fazendo."[1] "podemos falar que níveis de consciência têm individualidade maior ou menor perante os demais.";[2] "(...) energia retirada pelos níveis rebelados, que fazem isso para se manterem afastados, longe do propósito da consciência encarnada." etc.[3]

Fazendo uma analogia com o corpo humano, se vê que podemos dividi-lo em sistemas, órgãos etc. Mas cada uma dessas partes sempre será uma parte, com determinadas características, e funcionando de forma interligada às demais. E nunca se confunde com o conjunto! Por exemplo: eu posso analisar de forma separada o fígado. É um órgão importantíssimo, com uma série de funções, mas atua interagindo com o restante do organismo. Se interrompemos o fluxo sangüíneo, suas células morrem; da mesma forma, se ele não metaboliza certas substâncias de forma adequada, temos repercussões em diversas outras partes e assim por diante... Ou seja, o bom ou mau funcionamento de determinada "parte" atinge as outras.

E para o desempenho de algumas funções, percebemos claramente a atuação conjunta de diversas partes, como por exemplo o fato de eu conseguir digitar este texto. Diversos fatores interagem para tornar isso possível, funcionando de

1 J. S. Godinho. *Desvendando o Psiquismo - O Espírito em Terapia. 2000*, p. 137.
2 Ibidem, pp. 137-138.
3 Ibidem, p. 82.

forma harmônica. Se eu tiver um problema nas articulações, o processo será dificultado ou impossível. Mas se eu tiver um problema na placa mioneural, também... Se houver lesão muscular, ou rotura dos tendões, idem. O mesmo se o problema for nos nervos que transmitem os impulsos vindos do sistema nervoso central, ou se houver lesão na área cortical responsável pelo movimento desta área — dentre outros fatores que poderiam interferir, como substâncias etc. Ou seja, para um mesmo processo, várias partes do meu corpo foram acionadas... se eu retirar qualquer uma delas, o processo inteiro fica comprometido.

Entre os corpos espirituais, também existe uma interação. Cada um deles vibrando em uma dimensão própria, mas todos servindo à manifestação do Espírito. Vários autores afirmam que o psicossoma é molde para o corpo físico (o chamado "modelo organizador biológico"), e que ele mesmo é "moldado" pelo corpo mental, superior em vibração. André Luiz, apenas para citar um exemplo, afirmou o seguinte: "Para definirmos de alguma sorte, o corpo espiritual, é preciso considerar, antes de tudo, que ele não é o reflexo do corpo físico, porque, na realidade, é o corpo físico que o reflete, tanto quanto ele próprio, o corpo espiritual, retrata em si o corpo mental que lhe preside à formação."[4] E essa informação faz sentido, pois basta perceber que muitos problemas físicos têm origem em acontecimentos pregressos, que geraram vibrações desarmônicas que se refletiram no organismo físico. Além disso, o próprio corpo espiritual ou psicossoma (corpo astral), extremamente plástico, tem a sua aparência modificável pela ação do poder mental, além de automaticamente refletir o estado espiritual de alguém — apenas para citar alguns aspectos que parecem comprovar o que está sendo dito.

A partir dessas informações, pensemos juntos:

1 — Será que um nível, sendo a sétima parte de um corpo, pode mesmo ter autonomia? Será que ele funcionaria independente dos demais? Um fígado será sempre um fígado e não vai sair por aí como se fosse um organismo inteiro. Mas há informações como "Pode acontecer que um nível distancia-

4 André Luis. *Evolução em Dois Mundos*, 2001, p. 27.

do trabalhando negativamente (...)";[5] "Então, mesmo quando muito afastados do nosso corpo físico..."[6]

2 — Admitindo a possibilidade de separação, será que o restante ficaria equilibrado na ausência desta parte? Seria possível o funcionamento? Se temos informações de que ***"os níveis atendidos por vocês, são encaminhados para os jardins das instituições ou hospitais (...), que pelos seus equipamentos e recursos, facultam uma rápida recuperação dos níveis conscienciais lá internados, onde precisam permanecer por algum tempo em tratamento"***[7] e que ***"Após isso, retornam para o reacoplamento"***,[8] será que o "restante" fica bem na ausência destas "partes"? Aproveitando a analogia, não é possível meu organismo estar harmônico se meu fígado estiver em um lugar, o coração em outro, intestinos em outro etc. E o outro exemplo que mencionei, o de estar digitando este texto, também não seria possível se estivesse "faltando" qualquer parte...

3 — Um nível do corpo astral, por exemplo, poderia ter uma forma definida? Afinal, se vimos que a forma do corpo astral como um todo é influenciada pela mente, ao separarmos e isolarmos uma parte dele (sem uma mente), poderíamos admitir que ela possua uma forma espacial definida e a capacidade de agir por conta própria? Poderíamos dotá-lo de atributos como "pensar", "rebelar-se", já que estamos falando simplesmente da sétima parte do corpo astral? Vários relatos, ao falarem sobre os níveis, trazem descrição de formas humanas, inclusive detalhando sexo, trajes, aparência física etc. Como podemos perceber em: "(...) dois níveis conscienciais convulsionados e em tamanho bem menor que a própria estatura do garoto";[9] "O desdobramento revelou vários níveis na forma de personalidades femininas",[10] para citar alguns exemplos. Além da questão da independência, aspecto abordado anteriormente.

Mesmo admitindo serem possíveis todas as anteriores, se

5 J. S. Godinho. *Desvendando o Psiquismo - O Espírito em Terapia, 2000*, p. 105.
6 Ibidem, p. 105.
7 Ibidem, p. 90.
8 Ibidem, p. 90.
9 Ibidem, p. 138.
10 Ibidem, p. 139.

um nível pode estar atuando em outra região, com vontade própria, independente do corpo físico, qual seria a utilidade da encarnação para alguns deles? Sabemos que encarnamos para nos melhorar, para experimentar certas situações e crescer. Ora, se esses níveis são independentes, aqueles mais harmônicos poderiam ficar auxiliando nas dimensões mais sutis do plano extrafísico, sem necessidade da experiência terrena, enquanto os mais "rebeldes" teriam que "descer" e sofrer por aqui, para se corrigirem. Além disso, por essa independência, toda vez que nova encarnação se iniciar, ou durante o curso desta, aqueles níveis "rebeldes" que poderiam aproveitar determinadas experiências "vão cada um para um lado" e ninguém aprende nada! E essas possibilidades parecem possíveis de acordo com informações como "Nos tratamentos de desencarnes por acidente aéreo ou mesmo automobilístico, onde a pessoa percebe antecipadamente o que vai acontecer, quase sempre ocorre uma grande dissociação dos níveis consciencias. (...) Desesperados, durante a rápida vivência desse momento angustiante, ocorre uma espécie de fuga desses níveis"[11] ou "Os nossos níveis de consciência agem da mesma forma. Os mais conscientes continuarão agindo no bem, socorrendo criaturas nas freqüências em que vibram".[12] Será que progrediríamos?

E a questão da unidade espiritual? Se dotamos uma parte com características próprias, capacidade de atuar livremente, de forma independente, separada, ela é mesmo uma parte ou é uma outra individualidade?

Algumas pessoas com as quais tive contato interpretam alguns desses aspectos como força de expressão ou simbolismo, para facilitar o nosso entendimento. No entanto, outros acham que não, que tudo é realmente "palpável", concreto.

Ao falarmos de níveis e subníveis como sendo subdivisões dos chamados "corpos espirituais", creio que devemos levar em conta todos os aspectos e questionamentos levantados anteriormente. Agora... se falamos em "subpersonalidades" concebendo-as como sendo um conjunto mais complexo, alian-

11 Ibidem, p. 91.
12 Ibidem, p. 101.

do diversas características tanto emocionais quanto mentais, sem "separação" concreta, sem divisão dos corpos etc., as mesmas críticas não valem. No entanto, ao considerarmos dessa maneira, já temos um "modelo" totalmente diferente...

Alguns outros aspectos entrariam em jogo, então:

Todos temos características conflitantes, que influenciam em nosso comportamento atual. Características que são o resultado das mais diversas experiências pelas quais já passamos. Mas vejam que admitir a existência de "subpersonalidades" como sendo o ***conjunto dessas características*** pode ser interpretado, sem perda de conteúdo, como "lados" de uma **mesma** personalidade. Algo como "uma parte de mim quer isso, outra não.", sem necessariamente a idéia de fragmentação. Admitindo os diversos comportamentos, muitas vezes antagônicos, como desequilíbrios de certas características, com predominância de certos impulsos em algumas ocasiões...

Um modelo bem simples que podemos utilizar para comparação é aquele que divide a personalidade em "ego", "superego" e "id". Sabemos que é algo didático, que não existem três áreas distintas no corpo físico, astral ou mesmo mental, que possam ser isoladas, dissecadas e analisadas, correpondendo a cada um deles. Não estou dizendo que seja impossível estabelecer uma relação e sim que não há uma "ligação", uma "correspondência direta" de partes desses corpos a essas características. Muito embora, quando eu "freio" diante de determinado impulso, poderia dizer **simbolicamente** que foi um conflito entre superego e id. Diante de uma situação apresentada, tanto o conteúdo instintivo quanto o "meu lado sensato", ético, entraram em jogo. Em determinado momento, posso expressar somente as características instintivas, por exemplo. Seria a "manifestação do id". A **impressão** causada é de uma fragmentação, sem necessariamente ela ter ocorrido.

Aprofundando, poderíamos fazer abordagem semelhante em relação às subpersonalidades, quando interpretadas como um conjunto de característas. Analisando uma "tendência", "inclinação" ou "predisposição" que temos, poderíamos encontrar em nosso "eu" diversas características, acontecimentos, enfim... uma série de coisas que justifiquem tal comportamento. Poderíamos dizer que existem "subpersonalidades", ou então afirmar que tudo faz parte da consciência como um todo (e não apenas a física, que sabemos ser apenas parte muito pequena do que realmente somos), embora expressando-se por diferentes "facetas". Dessa forma, quando observamos algum(ns) aspecto(s) de forma polarizada, a impressão causada é de haver separação, mas ela não existe!

Sabemos que durante uma regressão de memória, recurso utilizado por vários terapeutas, a pessoa pode novamente "incorporar" uma personalidade anterior, simplesmente porque os mesmos conteúdos de outrora foram colocados em evidência. Simplesmente um **acesso** a determinadas vivências. Lembremo-nos do relato de André Luiz em "Nos Domínios da Mediunidade", que durante uma reunião espiritual observou uma senhora expressando seu sofrimento e que este fato ocorria "sem a presença da mulher invisível que parecia personificar", constituindo "um processo de autêntico animismo". Sobre isso, o instrutor Áulus se pronunciou: "Estamos diante do passado de nossa companheira. A mágoa, o azedume, tanto quanto a personalidade supostamente exótica de que dá testemunho, tudo procede dela mesma...", "Isso quer dizer que nossa irmã imobilizou grande coeficiente de forças do seu mundo emotivo, em torno da experiência a que nos referimos, a ponto de semelhante cristalização mental haver superado o choque biológico do renascimento no corpo físico, prosseguindo quase que intacta. Fixando-se nessa lembrança (...) passa a comportar-se qual se estivesse ainda no passado que teima em ressuscitar. É então que se dá a conhecer como personalidade diferente, a referir-se à vida anterior.", "Sem dúvida, em tais momentos, é alguém que volta do pretérito a comunicar-se com o presente, porque ao influxo das recordações penosas de que se vê assaltada, centraliza todos os seus recursos mnemônicos tão-somente no ponto nevrálgico em que viciou o pensamento.", dentre outras elucidações.

Será que a explicação para o que se tem observado nos atendimentos apométricos não vai mais ou menos por esse caminho? O acesso a determinadas vivências do atendido, realizado pelos médiuns, e catalisado pela equipe espiritual?

Enxergo a nossa individualidade espiritual com sendo o **resultado** (e não a simples união) de todas as experiências vivenciadas até hoje. Ao longo de diversas encarnações, vivenciamos diversos acontecimentos em diferentes contextos, com diferentes oportunidades etc. E cada uma dessas experiências foi importante na construção de nós mesmos. Causa-me estranheza ouvir, por exemplo:"Meu nível estava me atrapalhando"... pois "ele" na verdade sou eu! Já tive oportunidade de me deparar com relatos de pessoas isentando-se de culpas, pois a causa do problema era "um nível rebelde". Como se não fosse ela! Esse nível rebelde nada mais é do que ela mesma! Os aspectos conflitantes de nós mesmos são todos nossos! É assim que somos... cheios de contradições...

E ao falarmos das nossas posturas, posicionamentos, formas de pensar etc. temos que, da mesma forma que estas características influenciam o comportamento atual perante os fatos, cada um desses fatos vai influenciar essas características! Do contrário, seríamos imutáveis... Entendo como um constante processo de aquisições e readaptações, onde à medida que os fatos vão sendo "armazenados", modificam a referência que temos das coisas. Analisando o "arquivo" das diversas experiências que temos, poderíamos dizer que estamos sempre adicionando novos acontecimentos. Mas ao falarmos da construção de nós mesmos, os parâmetros mudam, pois não estamos "emendando" uma coisa na outra, mas continuamente transformando o conjunto. Ou seja, os fatores estão sempre interagindo... os aspectos vão sempre influenciando uns aos outros, continuamente... A noção de separação vai se perdendo, de certa forma... Ainda que saibamos de muitos aspectos inconscientes que nos influenciam, passamos a considerá-los como "facetas" de nós mesmos... Uma única individualidade, que encerra em si mesma uma série de conflitos!

Gosto muito do termo utilizado na Projeciologia: "veículos de manifestação da consciência", pois dá a idéia de que os corpos são apenas "veículos", e não a consciência em si, que é a essência espiritual. E cada um desses veículos é apropriado à manifestação da consciência nos diversos planos! Acredito que "A consciência ou o Si não se confunde com seus veículos de manifestação.", "Entretanto, para se relacionar com a vida e o universo em suas várias dimensões, o Ser precisa se revestir de corpos compatíveis com essas dimensões ou planos existenciais, mesmo porque ele precisa vivenciar fases de aprendizado e trabalho nessas mesmas dimensões em que a vida se manifesta. Dessa forma, o ser humano, em sua constituição corpo físico, duplo etérico, psicossoma e corpo mental, além dos outros corpos superiores, não é a consciência em si, que está além da forma e da energia e além de suas próprias faculdade intelectivas, emocionais e sentimentais."[13]

Por falar nisso, também não consegui ainda compreender algumas descrições e relatos que tenho lido sobre os "corpos" e dimensões mais sutis. Será mesmo que já temos a capacidade de **objetivamente** analisar os planos mais elevados, cada vez mais próximos da essência espiritual?

Penso que qualquer tentativa de explicar essas dimensões será mera comparação, na tentativa de definir o que nossa razão não consegue atingir, especialmente com todas as limitações de percepção e entendimento que o corpo físico nos impõe. E por isso, concordo com Ramatís ao dizer que "A natureza intrínseca dessas elevadas dimensões vibratórias, do plano búdico e átmico, se quisermos transmiti-la, se mostrará um exercício de palavras inúteis, por absoluta falta de equivalência em vosso atual vocabulário",[14] com Arthur Powell, que falou que "É impossível, em palavras físicas, dar mais que um mero indício do que é a consciência superior, porque o cérebro físico é incapaz de apreender a realidade.",[15] bem como diversos autores que se expressam na mesma linha de raciocínio. Afinal, como explicar um atributo superior utilizando-se de um inferior? Faz sentido?

Quando eu penso em Atman (que seria a essência espiritual, consciência, centelha divina, ou como queiram chamá-lo), por exemplo, o que me vem à mente é a citação do espírito Joseph Gleber: "É o espírito puro. Impossível descrever sua essência divina. Imanente, transcendente, inexplicável

13 Joseph Gleber. *Além da Matéria - uma Ponte entre Ciência e Espiritualidade*. 2003, p. 51.
14 Ramatís. *Jardim dos Orixás*, 2004. p. 203.
15 Arthur Powell. *O Corpo Causal*, 1995, p. 229.

e indescritível — ao menos segundo os padrões humanos. Apenas é."[16] E não uma "esfera multifacetada, verdadeiro sol irisado de luzes policrômicas",[17] ou seja qual outro formato queiram lhe atribuir. Mas é apenas minha forma de enxergar... Aliás, no livro do qual retirei essa descrição, temos logo a seguir: "Inexplicável, indescritível, imanente, transcendente e eterno."[18] Ou seja, o inexplicável e indescritível foi explicado e descrito com os parâmetros que conhecemos... Não será que estas descrições refletem a nossa interpretação de algo que não conseguimos ainda captar, adequando-as a algo mais "palpável" ao nosso entendimento? Ou será que os nossos atuais parâmetros de percepção já são suficientes para caracterizar a essência espiritual?

De acordo com o mesmo espírito Joseph Gleber anteriomente citado, "no estágio evolutivo em que o ser humano se encontra atualmente, não é possível conceber o ser consciente puro, a não ser envolvido em seu corpo mental, o que de certa forma torna possível visualizá-lo e concebê-lo dentro dos limites em que a ciência atual se encontra."[19]

Além disso, eu me pergunto: será que em dimensões tão superiores, sutilíssimas, haveria como um "defeito" se manifestar? Será que o tipo de vibração é compatível? Questiono apenas por ler e ouvir falar sobre o "tratamento" do corpo búdico e coisas assim...

Se juntarmos todos os compêndios disponíveis que tratam do corpo humano (físico), ainda assim teremos uma descrição incompleta de toda a sua complexidade. Avançando através dos veículos espirituais, veremos que conhecemos muito pouco sobre o duplo etérico, chakras e nadis, menos ainda sobre a parafisiologia do corpo espiritual (psicossoma), quase nada sobre a intimidade do corpo mental etc. E por isso mesmo parece-me improvável que os envoltórios mais sutis e as dimensões superiores a essas sejam tão facilmente "descortináveis"...

---

16 Joseph Gleber. *Além da Matéria - Uma Ponte entre Ciência e Espiritualidade*. 2003, p. 101.

17 J. S. Godinho. *Apometria, o Caminho da Harmonia Espiritual e da Felicidade*. 2002, p. 83.

18 Ibidem, p. 83.

19 Joseph Gleber. *Além da Matéria - Uma Ponte entre Ciência e Espiritualidade*. 2003, p. 53.

Ao levantar todos esses questionamentos, busco justamente entender a essência dos relatos e atendimentos realizados pelos diversos grupos... separar o que é real e o que é simbólico, ou que reflita a impressão ou "codificação" feita por nós, de algo que talvez transcenda os nossos parâmetros de compreensão.

Muitos estão deixando de lado informações veiculadas pelos estudiosos de outrora, com o pretexto de que "não devemos nos apegar a dogmas e crenças". No entanto, não se trata disso. Discutir os aspectos como estamos fazendo, analisando o conhecimento anterior relacionando-o às novas teorias e observações dos diversos pesquisadores etc. vai justamente contra o estabelecimento de dogmas! Além do mais, negar o anteriormente veiculado e substituir por outra informação sem as devidas explicações, é criar um "novo" dogma, é se apegar a uma crença "moderna"!

Devemos substituir o **acreditar** pelo **compreender**. Por isso toda essa análise se faz necessária. Não duvido dos bons resultados que os diversos grupos estão obtendo. E acho ótimo que isso esteja ocorrendo! Mas será que não vale a pena investigar se o que está nos "bastidores" dos atendimentos corresponde ao que é veiculado, se as explicações que temos para os fenômenos são mesmo válidas? Podemos simplesmente aceitar os resultados das diversas pesquisas, ou podemos tentar compreender as explicações para tais resultados. Neste processo, utilizamo-nos da razão, da lógica. Afinal, as pesquisas e experimentações não são incontestáveis ou isentas de interpretações errôneas.

Observar o efeito nem sempre nos dá a causa, nem o processo pelo qual foi possível acontecer. Um exemplo bem conhecido: ao analisar o histórico de pacientes com câncer de pulmão verifica-se uma certa associação com uso de café. Mas será que o café é um fator de risco para esse câncer? É uma conclusão tentadora, baseada em observações... No entanto, o café é apenas um fator de confusão, pois analisando melhor esse histórico é visto que por trás dessa constatação, esconde-se uma explicação: grande parte das pessoas faz uso do café em associação com o cigarro (este sim um fator de risco real); fumam e tomam um cafezinho depois etc.... por isso a confusão. Neste caso, o que as observações poderiam induzir a concluir não corresponde à realidade, não é mesmo? E apenas para lembrar, também foi através de observações que os antigos achavam que o Sol girava em torno da Terra e que esta era plana...

Por isso, apesar da seriedade da pesquisa dos diversos grupos, devemos analisar criteriosamente os resultados, buscando as explicações plausíveis. Não dá para simplesmente justificar dizendo que "as pesquisas comprovam isso", pois nem sempre as constatações são irrefutáveis, nem sempre as conclusões são acertadas. Basta observar quantos artigos, em revistas científicas renomadas, possuem "furos" na metodologia, erros nas interpretações dos dados etc. Isso porque estamos falando de estatísticas, dados concretos, parâmetros mensuráveis realmente. Imagine só quando nos aventuramos no campo do imponderável, na área espiritual!

Será que devemos, baseados nos bons resultados, justificar a aplicação dos mesmos conceitos e técnicas sem análise criteriosa, sem essa busca pelas explicações? Vamos comparar: Quando uma nova substância com propriedades terapêuticas é descoberta, qual o procedimento? Utilizá-la em larga escala, simplesmente pelo efeito benéfico observado? Ou investigar a farmacocinética e famacodinâmica da mesma, entendendo como ela age, procurando efeitos colaterais indesejáveis, interações medicamentosas etc.? Digamos que uma pessoa tenha determinado problema e procure alguém que se diz conhecedor das plantas e suas propriedades, fazendo uso de uma "garrafada" e obtendo melhora. Qual a postura a ser tomada? Justificar o uso de todas essas plantas para todos os casos semelhantes? Ou investigar as propriedades de cada uma das plantas, separar aquelas que realmente servem àqueles sintomas, excluir as inócuas ou com efeitos colaterais indesejáveis, descobrir os compostos ativos etc.?

Com relação ao conhecimento teórico-prático veiculado atualmente, dentro da abordagem da Apometria, acredito eu que a postura deva ser semelhante. Nada de sair dizendo que "se for imaginação, imaginemos mais, pois os resultados são bons", como eu já li... Ao contrário... Se os resultados são bons, vamos analisar o que realmente está contribuindo para isso! Vamos comparar as hipóteses aos conhecimentos que já possuímos, vamos tentar compreender as explicações etc.

Quanto mais nos aproximarmos da essência dos atendimentos e seu processo, mais simples serão nossas intervenções. E com os mesmos resultados...

Esse assunto é vastíssimo. Longe de mim querer esgotá-lo com um simples texto. Há muitos outros aspectos que poderiam ser abordados e que talvez o sejam, com o tempo. Esses escritos apenas registram alguns dos meus questionamentos, bem como a opinião pessoal sobre alguns aspectos. Não é simplesmente uma crítica sem propósito, como alguns podem achar. Muito menos uma condenação desse ou aquele modo de pensar e trabalhar. Mas como disse Kardec, "os passos de toda ciência nascente são necessariamente incertos, até que o tempo haja permitido colecionar e coordenar os fatos que podem fundamentar a opinião; à medida que os fatos se completam e são melhor observados, as idéias prematuras se apagam e a unidade se estabelece, pelo menos sobre os pontos fundamentais, senão em todos os detalhes."[20]

Ao me inserir neste processo, estou buscando contribuir com o entendimento dos complexos assuntos do Espírito, para que **todos** possamos crescer, na busca dessa **unidade** da qual falou Kardec. Ficarei extremamente satisfeito se o conteúdo aqui expresso servir como base à reflexão de algum(ns) dos amigos leitores. Afinal, talvez seja hora de revermos alguns conceitos...

Hermano Augusto de Medeiros Jr.[21]

20 Allan Kardec. *O Livro dos Médiuns*, 2002, p. 42.

21 Médico, pesquisador e conferencista da área espiritualista, integrante de várias equipes de estudo e assistência espiritual (Marília, SP).

Bibliografia

GLEBER, Joseph. Psicografado por Robson Pinheiro. ***Além da Matéria - uma Ponte entre Ciência e Espiritualidade.*** Contagem: Casa dos Espíritos, 2003.

GODINHO, J. S. ***Desvendando o Psiquismo - o Espírito em Terapia.*** 2° ed. Londrina: Darmaluz, 2002.

___ ***Apometria: O Caminho da Harmonia Espiritual e da Felicidade.*** 3° ed. Londrina: Universalista, 2002.

KARDEC, Allan. ***O Livro dos Médiuns.*** 51. ed. Araras: Instituto de Difusão Espírita, 2002.

LUIZ, André. Psicografado por Francisco Cândido Xavier. ***Nos domínios da Mediunidade.*** 27° ed. Rio de Janeiro: FEB, 2002.

____. ***Evolução em Dois Mundos.*** Rio de Janeiro: FEB, 2001.

PAUWELL, Arthur. ***O Corpo Causal.*** São Paulo: Pensamento, 1995.

RAMATÍS. Psicografado por Norberto Peixoto. ***Jardim dos Orixás.*** Limeira: Conhecimento, 2004.

Glossário Apométrico

Ajustamentos de sintonia vibratória — Os ajustamentos de sintonia vibratória com o médium ocorrem com um encarnado desdobrado ou espírito desencarnado que por algum motivo é trazido ao grupo, ou com o ambiente astral aonde se encontram deslocados. Essas situações se dão quando a percepção não está clara, com interferências, levando o aparelho mediúnico até uma sintonia vibratória límpida, necessariamente não havendo desacoplamento dos corpos inferiores, do etérico e do astral, pois a recepção sintônica pode estar se dando em corpo mental inferior. Nestes casos, as contagens de pulsos magnéticos diminuindo ou aumentando a freqüência da recepção do medianeiro, fazem com que varie a sua faixa de sintonia, como um rádio com botão que se girasse em busca da estação transmissora que se quer escutar, até se obter perfeito ajuste entre a estação transmissora de ondas e o receptor.

Habitualmente também serve para sintonia com os guias e protetores espirituais.

Aparelhos Parasitas — Aparelhos etéreo-astrais colocados por magos negros e seus comandados nos corpos etérico e astral dos encarnados. São pequenos e instalados junto à contraparte astro-etérica do sistema nervoso. Verdadeiras engenhocas eletrônicas, muito sofisticadas, são utilizados para provocar desarmonias mentais, emocionais e físicas.

Atuam nos núcleos de base cerebrais e no sistema nervoso autônomo. Alguns mais complexos afetam mais de uma área, respondendo por desarmonias múltiplas em zonas motoras e cognitivas diversas, provocando paralisias progressivas, atrofias, hemiplegias, somadas às perturbações psíquicas.

O objetivo é sempre maléfico (daí a classificação de parasitas): provocar sofrimento na vítima.

Alguns alcançam surpreendentes requintes tecnológicos, atuando por controle remoto, recebendo sinais eletromagnéticos de bases instaladas no Umbral.

Arquepadia — (do grego "épados" — magia e "archaios" — antigo) é a síndrome psicopatológica que resulta de magia originada em passado remoto, mas atuando ainda no presente. (*Espírito e Matéria*, José Lacerda de Azevedo).

Bases umbralinas — Edificações do Astral Inferior, geralmente fortalezas, de onde magos negros e organizações da Sombra comandam processos de escravização e domínio de encarnados e desencarnados. Podem incluir castelos, laboratórios de tecnologia avançada, prisões, alojamentos de suas falanges etc.

Sendo construções de matéria astralina, necessitam um desmonte magnético especializado, o qual se efetua, quando autorizado, pelas falanges de especialistas da Umbanda — pretos velhos e exus.

Base de organização trevosa — Uma organização especializada no mal tem locais em que se assentam seus equipamentos tecnológicos, centros de pesquisas, reservatórios ectoplásmicos, suas armas, denominado de base de uma organização trevosa.

Bolsão de espíritos sofredores — Espíritos em mesma condição mental desequilibrada estabelecem faixa sintônica, criando egrégora astralina que os mantém prisioneiros. Sucessivamente, outras entidades em mesma condição de pensamentos e ondas mentais vão se juntando pelo magnetismo de mesmas sensações e emoções em desalinho.

Bolsões de tempo — Locais astralinos onde grupos de desencarnados permanecem ligados mentalmente a cenas ou situações traumáticas de vida passada, que revivem constantemente, como se parados no tempo. Podem ter a forma de prisões, castelos, casas, campos de batalha etc.

Bolsão cármico — Um bolsão de tempo de entidades sofredoras, imantadas vibratoriamente, por efeitos cármicos, a uma pessoa encarnada em débito com eles, e contra quem vibram intensivamente. Suas emanações energéticas repercutem no encarnado, geralmente originando sérias patologias físicas e psíquicas.

Campos de força — A técnica apométrica propicia aos operadores treinados enormes possibilidades de movimentação das energias cósmicas, através da criação de campos específicos. Os impulsos energéticos propiciados pelas contagens e formados pela egrégora mental, criam na dimensão etérica e astral poderosos campos de forças de natureza magnética, com grande capacidade de detenção e interferência quando se trata de espíritos sofredores e excessivamente animalizados ou para higienização astralina dos ambientes de trabalho. A região espacial que se tem por alvo pode ser envolvida em campo de força piramidal, cilíndrico, triangular, cônicos, esféricos, em freqüências e densidades específicas.

São barreiras protetoras utilizadas para proteger os ambientes de trabalho espiritual do assédio do astral inferior.

São produzidas pela mente do operador, em conjunto com a dos componentes do grupo, com dois tipos de energia: cósmica e humana.

Podem ser de vários tipos. A forma é moldada pela mente de quem comanda o processo. Os mais utilizados na Apometria são os de forma piramidal, esférica, anel de aço e redes metálicas magnetizadas, sendo os primeiros considerados os mais eficientes.

A criação dos campos é realizada através de pulsos energéticos com a contagem respectiva.

Nos trabalhos apométricos, é costume associar vários tipos de campos para maior eficácia. Um conjunto comum é composto por um anel de aço, contendo um campo esférico, e no interior deste um campo piramidal, envolvendo inteiramente o ambiente de trabalho (casa). É recomendável preencher o interior do campo interno — pirâmide — com luz verde, para esterilizar o ambiente.

Chacras — Centros de força existentes nos corpos etérico, astral e mental dos seres humanos. Além de servirem de mediadores de poderes específicos do espírito, a serem desenvolvidos e expressos progressivamente no curso da evolução, constituem canais de energias de várias espécies. Conhecidos desde o alvorecer da humanidade, têm sido representados e simbolizados de variadas formas.

Os chacras principais, em número de sete, são uma noção básica do conhecimento oculto. Além deles, há os secundários, e finalmente os menores, em número incontável.

Os chacras etéricos, os mais imediatamente acessíveis a todas as intervenções energéticas, situam-se, como corolas de flores, à superfície do corpo etérico, conectados por condutos energéticos — como "caules" dessas flores — ao interior da medula etérica, de onde parecem "brotar".

Do funcionamento adequado desses chacras dependem a saúde física, as faculdades psíquicas, a mediunidade em suas variadas expressões, e a conexão da consciência com os planos superiores.

Os **sete chacras principais** são:

1. **Básico** — "Brota" da base da coluna vertebral etérica, dirigindo sua corola para trás e para baixo. Responsável pela captação de kundalini, a energia-mãe, cridora, de manutenção da vida física. Ligado ao instinto de sobrevivência, à conservação da vida, à absorção das energias telúricas etc.

2. **Esplênico** — Situado acima da região do baço físico, à esquerda do abdome. De máxima importância, de vez que é o responsável pela absorção do prana, a energia vital do ar atmosférico, da água e dos alimentos, que depois distribui pelos demais chacras, em correntes de variadas cores, decomposições da energia total de cor branca. Tem correspondência com o corpo etérico, o distribuidor da vitalidade.

3. **Umbilical** — Sobre a região umbilical do abdome.

Comanda, através do plexo solar (aglomerado de nervos do sistema nervoso autônomo) do corpo físico, os órgãos abdominais e atividades automáticas ligadas a esse sistema. Tem correspondência direta com o corpo astral, pelo que as emoções deste repercutem primariamente na região gastro-intestinal supervisionadas por esse chacra. Rege também o fígado, órgão de "assento" do veículo astral.

4. **Cardíaco** — Sobre o coração. Veicula as energias superiores do sentimento e assim como se expande ao exteriorizar a vibração do amor "do coração", se debilita e enrijece com a emissão das energias do ódio, da crueldade e da indiferença. Nos médiuns passistas e curadores, de sentimento amoroso, é onde se "ligam" os mentores para a canalização das energias mais elevadas. É o canal oculto da intuição da alma, e seu desenvolvimento faculta a premonição dos acontecimentos futuros e o apercebimento dos sentimentos alheios. Sua localização junto ao órgão cardíaco, representação do "centro do ser", sugere uma ligação com o divino nível búdico de nossa consciência.

5. **Laríngeo** — Sobre a garganta. É um dos pólos de exteriorização do poder criador — não mais, aqui, ao nível físico, mas mental. A voz, expressão do som criador, e a criação mental, em suas variadas formas, são mediadas por esse chacra. Quando desenvolvido, possibilita, entre outras, a clariaudiência. Sua correspondência, conclui-se, é com o corpo mental concreto.

6. **Frontal** — Na região entre as sobrancelhas. Veicula as energias construtoras dos campos além da forma. Sua concentrada emissão de energia, quando dirigida por uma mente bem focalizada e de consciência evoluída, assemelha-se à emissão de poderoso laser, canalizando energias crísticas. Quando bem desenvolvido, confere a faculdade psíquica de clarividência. O nível causal de consciência parece ser o de sua sintonia. Tem correspondência com a glândula pineal ou epífise — a "glândula da transmissão mental".

7. **Coronário** — No alto da cabeça. Chamado de "lótus das mil pétalas", no Oriente. É uma estação receptora das mais elevadas energias cósmicas captadas pelo ser humano. Atua como uma antena parabólica, sintonizada com os planos de consciência mais sublimes, que no homem correspondem ao nível átmi-

co. Capta os reflexos da consciência cósmica que alimentam a consciência divina em desenvolvimento no homem. Quando bem desenvolvido, faculta a continuidade de consciência que permite atuar em todos os planos Tem correspondência com a glândula hipófise, a regente das glândulas endócrinas.

Chacras secundários:

Genésico — Na região surprapubiana. Rege as funções reprodutoras e a atuação da energia da libido.

Umerais — sobre os ombros. Através deles, as entidades astrais controlam os plexos e músculos dos braços e mãos que possibilitam a psicografia mecânica ou automática.

Chacra do Mestre — O "Vibutthi" da tradição oriental. No centro do externo, na região acima do estômago. Através dele, as entidades de níveis elevados se comunicam com seus medianeiros.

Lalna — No alto da testa, junto à raiz do cabelo. Ativado, possibilita a comunicação telepática, mediada pela pineal.

Palmares — Nas palmas das mãos. Servem de condutos para transmissão de energias pelo toque, inconsciente ou conscientemente (nos processos de cura, passes etc.)

Observação: Em alguns autores americanos contemporâneos, tem-se verificado a supressão indébita do chacra esplênico do rol dos sete chacras principais. Para substituí-lo, têm incluído o chacra denominado apropriadamente de genésico por alguns autores[1] — mas com a denominação trocada, o que tem dado margem a confusões. Trata-se de uma omissão insustentável, pois o chacra esplênico, fonte primordial da nutrição etérica que mantém em funcionamento a rede de chacras, é o seu dínamo alimentador insubstituível. Como tal, sempre foi representado e devidamente considerado nos ensinamentos milenares do conhecimento oculto do homem.

A obra clássica e básica para o estudo dos chacras permanece sendo, no Ocidente, o preciso *Os Chacras*, de Leadbeater, Ed. Pensamento.

Se desejarmos considerar outros chacras além dos sete principais, em qualquer texto, é perfeitamente possível, mas

1 Edgard Armond, ***Passes e Radiações***, 1980, p. 49.

não às custas de nenhum destes, e muito menos daquele que possibilita o funcionamento de todos os outros.

Cordão de Prata — O principal laço fluídico que une o corpo astral ao corpo físico, através do duplo etérico. Tem a aparência de um fio luminoso e brilhante, que se insere na região ocipital (nuca) dos dois corpos. É de extrema plasticidade, e quando o corpo astral se desdobra, afastando-se do físico, o cordão prateado se estende, afinando-se, a qualquer distância a que o indivíduo desdobrado se projete. É ele que garante o retorno do espírito ao corpo físico, não importa onde ou quão longe se encontre a pessoa no astral.

A sua presença, no corpo astral dos encarnados, é o que os distingue dos desencarnados, no mundo astral.

O corte do cordão de prata é o que determina efetiva e irreversivelmente o desencarne; enquanto ele não se desliga, o espírito permanece ligado ao corpo físico. É o derradeiro laço cortado pelos espíritos técnicos que presidem à desencarnação.

Correntes negativas barônticas — (de barós=peso, em grego) — São as correntes mentais de baixo teor vibratório — o "pensamento negativo". Imantam seus produtores, encarnados ou desencarnados, a níveis energéticos pesados, como localidades umbralinas ou trevosas, e criam campos que facilitam o assédio de perseguidores desencarnados. Se forem continuadas, podem enclausurar o seu criador em verdadeira prisão mental, instalando o desequilíbrio psíquico. A alteração da freqüência mental, pela substituição do pensamento, constitui a base da efetiva cura das patologias psíquicas, após o atendimento na Apometria ou outras técnicas socorristas.

Correntes mentais parasitas auto-induzidas — Rememorações traumatizantes, partes de encarnações anteriores ou não, podendo se instalar como sensações desarmônicas, desagradáveis, que vão se intensificando gradativamente, sem a necessidade precípua de haver "sonhos" ou imagens traumáticas que refulgem conscientemente. Ordinariamente, ocorrem sem a noção exata do que está havendo pelo sujeito.

Desacoplamento — É um desdobramento incompleto. Quando se diz: o médium está desacoplado significa: um dos corpos — o etérico ou astral —, fica um tanto inclinado, como se não conseguisse "entrar" no molde específico que deve abrigá-lo perfeitamente ao corpo físico, o mais denso. Essa situação ocorre em médiuns neófitos, nos casos de manifestações psicofônicas de desencarnados muito densos, ou pelo médium se encontrar em desequilíbrio por algum motivo.

Energia Zoo — É a nossa energia animal, própria dos encarnados. O corpo físico é um condensador energético ou bioeletromagnético. Originalmente, essa energia é cósmica, como tudo no universo, mas está condensada nos átomos e moléculas que mantêm o corpo físico. Essa energia animal é imprescindível para todos os trabalhos socorristas — recompor membros, refazer formas astrais etc — pois os espíritos não possuem ectoplasma, que é uma variação específica das nossas energias "animais".

Exu — Esta palavra, exu, foi distorcida na sua significação original. No sentido popular, e nas mais diversas casas espiritualistas, caracteriza-se por designar entidades com sérias deformações nos corpos astrais, de baixa envergadura espiritual, obsessores de aluguel contratados pelos mais variados tipos de despachos que a tudo "resolvem" pelo vil metal.

Na Umbanda, os verdadeiros exus têm uma conotação totalmente diversa. No movimento umbandista sério, essas entidades desempenham funções específicas, próprias do seu carma evolutivo, e não têm nada a ver com falangeiros do mal, figuras grotescas, com chifres, rabos, pés de bode, tridentes; essa imagem, como do diabo em pessoa, pertinente a outros segmentos religiosos e decorrente do sincretismo de origem medieval, não pertence à verdadeira Umbanda.

São os genuínos exus da Umbanda que garantem a segurança dos trabalhos espirituais, como verdadeiros guardiões, seja nos terreiros umbandistas, nos centros espíritas ou nos grupos de apometria, pois a espiritualidade não está dividida em fragmentos como na Terra. Sob o comando dos pretos velhos e caboclos, eles mantêm a organização e a disciplina, sendo grandes "combatentes" nas atividades socorristas e de resgates nas organizações malévolas do umbral inferior, incluindo o desmanche de trabalhos de magia negra Também, através da incorporação, agindo como eficazes exaustores, preservam os médiuns de repercussões vibratórias altamente deletérias após as incursões de trabalho no astral inferior

A denominação correta que lhes caberia é a de agentes mágicos, de vez que eles são os veículos e agentes de toda a magia. Dentro do organizado movimento umbandista, compõem uma hierarquia estruturada, em que os mais graduados são entidades de notável sabedoria, conhecimento e poder.[2]

Força mental — A mente é o instrumento principal do espírito para intervir sobre os planos do universo manifestado. O poder ou força mental pode produzir interferências e mudanças nos planos mental concreto, astral, etérico e físico denso, como acontece ao se criarem as formas de pensamento que a humanidade produz constantemente. Em Apometria, é de fundamental importância a força mental canalizada coletivamente, o que se consegue com as contagens pausadas. Em grupos treinados e bem sintonizados, a energia mental atua facilmente na matéria astral, muito plástica, constituindo a ferramenta básica de atendimento, para o que se requer convicção, uniformidade de idéias, prática de mentalização, concentração — o que é potencializado com o apoio dos bons espíritos.

Goécia — Magia Negra.

Mediunidade reprimida — Mediunidade que se encontra aflorada, ms não disciplinada. As faculdades mediúnicas estão "abertas", mas represadas, destituídas de educação e exercício continuado, o que leva o médium a se tornar um rádio receptor manipulado por mãos que o obrigarão a "sintonizar muitas estações", o que o deixará extenuado mentalmente em pouco tempo.

Magia — Ciência sagrada, que consiste na utilização das

2 Maiores informações sobre o tema podem ser obtidas nas obras *Umbanda, essa Desconhecida*, de Roger Feraudy, EDITORA DO CONHECIMENTO e *Evolução no Planeta Azul*, de Ramatís/Norberto Peixoto.

forças imponderáveis do universo para a obtenção de efeitos tangíveis. Nesse sentido, a própria Criação — a Manifestação que dá nascimento aos universos visíveis — é um ato de magia divina.

Como ciência conhecida dos iniciados de todas as épocas e lugares, implica no conhecimento das leis ocultas da Natureza — aí incluídos os reinos Elementais (dos Espíritos da Natureza) —, utilizando-as conscientemente para produzir efeitos variados.

A Magia Branca, visando exclusivamente ao Bem, é empregada em benefício da humanidade pelos magos brancos.

"A vontade, o amor, a imaginação, são poderes mágicos que todos possuem, e aquele que sabe o modo de os desenvolver e deles se servir de modo consciente e eficaz é um mago. Aquele que os emprega para bons fins, pratica a magia branca, o que os usa para fins egoistas ou maus, é um mago negro" (Glossário Teosófico, Editora Pensamento).

Magia negra — É o conhecimento das leis ocultas da Natureza empregado para fins maléficos. Geralmente se utiliza de catalisadores físicos (animais, vegetais, objetos) quando visa a atingir os encarnados.[3] Presentemente, vem incorporando métodos e instrumentos de tecnologia avançada, como aparelhos parasitas especialmente desenvolvidos, que são instalados no corpo astral das vítimas pelos técnicos das Sombras.

Magos negros — Espíritos de grande poder mental, possuidores de conhecimento avançado de magia, que utilizam de forma contrária à Lei Evolutiva. Seu objetivo é obter comando sobre as mentes encarnadas, para expandirem o poder sobre o mundo material do planeta, que consideram seu domínio. Costumam comandar falanges de entidades que vão de auxiliares — magos de menor hierarquia — até servidores e hordas de entidades escravizadas e submissas.

Dispõem de tecnologia atualizada e contam com cérebros de cientistas e técnicos que lhes são associados, incluindo eficientes psicólogos das Sombras, para concretizar projetos individuais e coletivos de atuação sobre a sociedade dos encarnados.

Suas bases e fortalezas, no astral inferior, incluem labo-

3 Ramatís, *Magia de Redenção*, 2002, **EDITORA DO CONHECIMENTO**.

ratórios, depósitos de ectoplasma subtraído dos "vivos", e prisões onde mantêm escravizadas legiões de espíritos que parasitam.

A quase totalidade deles é constituída por espíritos exilados de outros orbes, de avantajada mentalidade e sentimento anulado.

Não são obsessores comuns, e as técnicas e métodos empregados nas obsessões simples diferem das que são requeridas para os magos negros.

Pretos velhos e pretas velhas — Denominação que se aplica, nas falanges da Umbanda, às entidades que atuam na faixa da magia branca. Foram magos e magistas em vidas passadas, podendo ou não ter tido encarnações na raça negra. Alguns adotam simplesmente essa identidade para se inserirem na egrégora da Umbanda. São os Especialistas em desmanchar trabalhos de magia negra e conduzem as operações que envolvem magos da Sombra e suas bases e organizações.

Sem o seu concurso não há como operar eficazmente nessa faixa de trabalho. Na disciplinada estrutura da Umbanda, operam na faixa vibratória denominada Linha de Iorimá.

Pulsos magnéticos — A energia cósmica, eminentemente criadora, pode ser convocada e direcionada através da vontade. Isso é potencializado quando se realiza em um grupo mentalmente sintonizado. Quando se deseja proceder à criação de formas mentais diversas, necessárias ao atendimento espiritual, utiliza-se a focalização mental dos participantes, cadenciada pela contagem progressiva — o que constitui os pulsos. Trata-se de uma técnica de cadenciamento mental aliada à força de vontade, utilizada para condensar e aglutinar a energia livre do cosmo.

Registro Akásicos — À semelhança de nosso indestrutível registro de memória pessoal, que guarda a memória perene de toda a nossa existência como consciências individualizadas dentro do cosmo, também o universo guarda o registro imperecível dos eventos ocorridos em todos os evos de sua existência. Em todos os mundos manifestados, há uma “gravação” permanente de todos os acontecimentos, que ficam armazenados na chamada Memória da Natureza — os Registros Akásicos. Os clarividentes ou sensitivos treinados, ou médiuns com essa faculdade desenvolvida, podem captar, geralmente com o auxílio de instrutores espirituais, cenas e acontecimentos desses registros, necessários à realizações de tarefas diversas — como na Apometria, onde o conhecimento de enredos cármicos do consulente é necessário seguidamente para orientar o atendimento.

Ressonância cármica — A afinidade vibratória entre criaturas ligadas por débitos do passado. Permite que, ao serem vibradas intensamente emoções de baixo teor — ódio, rancor etc. — de uma das partes (que pode ser um bolsão de espíritos sofredores) repercutam diretamente na outra, geralmente um encarnado. Esse processo abre uma brecha vibratória que facilita inclusive a atuação de entidades perseguidoras atuais.

Ressonância de vidas passadas — Tudo o que um espírito vivencia nas suas diversas encarnações (personalidades) fica registrado na sua memória perene, (ou Inconsciente) que lhe é própria — um tesouro pessoal inalienável — que ninguém pode alterar ou apagar.

As emoções e/ou sentimentos relacionados com os fatos, também ficam arquivadas, vibrando ainda de forma atenuada, podendo, no entanto, aflorar à personalidade atual, (ou Consciente), determinando o que chamamos de impulsos ou tendências (Caráter).

Estas vibrações podem ser reativadas por fatores naturais ou provocados (fatos, local, pessoas, data, obsessão etc.) repercutindo na personalidade atual e quando negativas caracterizam o que chamamos de : “Ressonância vibratória de vidas passadas” que podem criar as mais diversas patologias psicossomáticas.

A terapêutica de tais distúrbios é denominada de “Despolarização dos estímulos de Memória” pelo Dr. Lacerda em seu livro ***Espírito Matéria***, à p. 245.

Tela búdica ou tela etérica — Órgão de proteção do corpo físico, que evita a ação predatória de espíritos maléficos sobre o corpo físico das criaturas. De natureza magnética, esta tela tem magnetismo extremamente compacto para o corpo astral dos espíritos, de modo a impedi-los de perpetrar danos ao organismo astral e físico das vítimas. Se, no entanto conseguirem vencer essa barreira magnética através de técnicas evoluídas e perseguição pertinaz a vítima estará vencida e a morte sobrevirá facilmente, se assim quiserem seus perseguidores. Isso acontece com bastante freqüência em casos de magia negra; grandes focos de energia nefasta e penetrante são aplicados durante meses seguidos sobre a vítima, provocando câncer, doenças incuráveis e malefícios de toda ordem. Rompida a tela búdica, operadores encarnados normalmente não têm condições de refazê-la. Somente espíritos superiores podem reconstruí-la, dada a freqüência vibratória de sua energia. (***Espírito e Matéria***, José Lacerda de Azevedo).

Vento Solar — Recurso utilizado para a limpeza vibratória e equilíbrio dos ambientes de trabalho espiritual.

Não se trata de um vento, propriamente, mas da emissão de partículas subatômicas oriundas do sol — prótons, nêutrons, elétrons, fótons etc — dotadas de alta velocidade, que banham o planeta. São o que produz o fenômeno das auroras boreais, nas altas latitudes do Hemisfério Norte.

Essa radiação de alta freqüência, incidindo sobre os campos magnéticos de freqüência baixa, pode dissipá-los. O pensamento treinado e focalizado pode aglutinar essas partículas, que, como poderoso fluxo energético, varre o magnetismo parasita dos ambientes.

APOMETRIA HOJE
foi confeccionado em impressão digital, em setembro de 2025
CONHECIMENTO EDITORIAL LTDA
(19) 3451-5440 — conhecimento@edconhecimento.com.br
Impresso em Luxcream 80g, StoraEnso